sauce
effect
소스 이펙트

소스 이펙트

초판 1쇄 발행 2025년 8월 20일

지은이 김대옥·김지현
펴낸이 박형희
편집·마케팅 김준성
디자인 박희남
사진 이경섭·월간식당DB

펴낸곳 한국외식정보
주소 서울특별시 송파구 중대로 174 현대파크빌 B1, 1층
전화 02-443-4363
이메일 foodnews@foodbank.co.kr
등록 1997년 11월 24일 제16-1561호

ISBN 978-89-87931-76-0 13590

이 책은 저작권법에 따라 보호받는 저작물이므로 무단전재와 무단복제를 금지하며, 이 책 내용의 전부 또는 일부를 이용하려면 반드시 저작권자와 한국외식정보의 서면 동의를 받아야 합니다. 잘못된 책은 구입처에서 바꿔드립니다.

세계 소스의 역사에서부터
소스 제조·수출에 관한 모든 것

sauce effect

소스 이펙트

김대욱·김지현 지음

한국외식정보

Prologue

서로 스며드는,
성공의 이야기 펼쳐지길

　대학 졸업 후 서른한 살이 되던 해인 2006년, 오래 다니던 회사를 그만두고 462.8m²(140평) 규모의 대형 갈빗집 관리직으로 외식업 일을 처음 시작했다. 식당 일이 회사보다 몇 배, 아니 몇 십 배 더 힘들다는 걸 서서히 깨닫게 됐지만 '이렇게 힘들고 어려운 것들을 견뎌내기 때문에 돈 많이 벌고 성공하는 거겠지. 식당이 이렇게나 많은 이유는 다 그래서겠지'라는 생각으로 하루하루를 꾸역꾸역 버텨나갔다.

　그렇게 2년의 경험을 쌓고 나서는 2009년, 서른네 살 되던 해에 66.1m²(20평) 규모의 육가공 공장과 99.1m²(30평) 규모의 갈빗집으로 나만의 외식업을 시작하게 됐다. 간장으로 1~2차 숙성, 대나무 어린잎으로 3차 숙성과정까지 거친 '햇잎갈비'를 그때 개발했다. 1년 만에 전국 6개 매장을 오픈하고 120여 곳의 고깃집에 납품하기도 하며 빠르게 성장했었다. '햇잎갈비' 이후, 2017년에는 홀 판매와 배달·테이크아웃으로 수익률 높일 수 있는 '스트릿테이블'을 론칭해 본격적인 가맹사업을 펼쳐나가기도 했다. 그러나 20여 년 넘게 한 길을 달려와도 외식업은 늘 쉽지 않았다. 매일이 고민과 불안, 어려움의 연속이었다.

코로나19로 인해 어려움은 더 커져만 갔고, 사업의 방향을 바꿔야만 했다. 그렇지 않으면 좌절과 나락밖에 없었으니까. '소스를 만들어 국내 시장과 해외시장을 동시에 공략해야겠다'는 생각으로 금융권 대출을 최대한 빌려 땅도 사고 소스 공장도 지었다. 그리고 공장을 돌리기 위해 재료와 직원들까지 배치해놓고 나니까 지출 비용은 애초 계획의 2배 이상이 들어갔다. 외식인들의 모임에 나가서 좋은 말과 표정으로 앉아있을 수도 없는 상황이고, 그렇게 2년여의 기간을 공장 안에서만 소스 제조·유통·판매에만 매달렸다.

묵묵히 하나에만 매달렸던 노력의 결과였는지 햇잎푸드는 미국 FDA 공장 등록, 중국 FDA 공장 등록 등을 통해 미국·중국·일본·베트남 등으로 소스를 수출하게 됐다. 또 해외 진출을 위한 수스 개발 및 분말화 컨설팅 등의 상담 문의도 빗발쳤다. 뒤돌아볼 겨를도, 물러서야 할 곳도 없이 앞을 내달려온 지난 2년이 새삼 고맙고, 또 다행이었다는 생각이 든다.

'소스를 알고 있으면 외식업 하는 사람들이 경쟁력 갖추기 너무 좋겠는데?'

소스 공장을 운영해 보며 자연스럽게 드는 생각이었다. 소스는 인건비뿐만 아니라 음식의 맛, 수익률 등에 이르기까지 다양한 측면에서 도움을 주는 아이템이기 때문이었다. 또 소스를 제대로 활용하려면 소스의 성분에서부터 역사, 원리까지 알아야 하고 그 지식과 정보는 고객들에게 스토리텔링으로 활용하기에도 너무 괜찮은 마케팅 수단이었다.

'소스에 대한 모든 것', 처음엔 직원들을 위한 공부 자료로 만들었다. 하지만 '직원들뿐만 아니라 소스를 사용하는 많은 사람들이 이걸 보면 현장에서 많은 도움이 되겠는데?'라는 생각에까지 이르게 됐다. 언제든 가까이서 참고할 만한 소스 자료가 될 수 있겠다는 확신도 있었다. 또 책의 내용 중에는 소스 활용법도 나오지만, 소스 특허에 관한 이야기도 실려있으며, 특허를 어떻게 준비하고 등록하는지에 관한 이야기까지 상세하게 담았다. 많은 사람들이 '내 소스는 특별해'라고 얘기하지만 말로만 특별해서는 안 되기 때문이다.

   이 책은 나만 알고 있기에 너무 아까운 내용들만 담았다. 소스를 파는 사람 입장에서 '외식업 현장의 많은 사람들도 이 내용을 알고 있으면 몇 배 더 도움이 될 것 같아'라는 생각을 여러 번 했다. 이 책을 읽고 있는 여러분들에게도 딱 그만큼만 도움이 됐으면 하는 바람이다. 점점 나이가 들어가니 누군가에게 뭔가를 알려주는 것보다는 이 내용들에 대해 서로 공감을 했으면 하는 게 더 크다. '무엇이 더 낫고 낫지 않고'라는 건 없으니까. 소스를 통해 당신에게도 또 나에게도, 서로 스며드는 성공의 이야기들이 펼쳐지길 기대해 본다.

햇잎푸드

김대옥·김지현

Contents

~~~

Part 1. 알다

인류가 찾고 만들어온 '맛과 색의 역사'

음식·문화·색, 그리고 중독의 힘 '소스'	12
원시시대엔 소금을 어떻게 구했을까?	16
태어나는 순간 중독되는 단맛의 유혹, 설탕	28
고추가 한국에 들어온 건 콜럼버스 때문이라고?	38
조선시대 영조가 가장 좋아했던 고추장	50
간장·된장·고추장의 주원료, 콩	56
세계 최초의 만능 소스, 된장	70
된장에서 나오는 액체가 간장이라고?	80

Sauce diary 1

20세기를 이어온 한국의 소스 셋, 된장·간장·고추장	90
한국의 전통 장에 옹기를 쓰는 이유는?	92

히포크라테스와 이성계도 인정한 식초	94
전 세계인이 100년 넘게 먹고 있는 MSG	104
몸에 좋은 쓴맛 vs 독성을 가진 쓴맛	114
'몽환'이라는 이름의 6번째 맛	122
고기와 생선 요리엔 왜 술을 넣을까?	130

Sauce diary 2

몽환의 맛, 술	134
잘못된 미각 지도	137

Part 2. 팔다

글로벌 비즈니스를 장악하는 '중독의 힘'

한국, 전 세계 소스 시장 규모에서 16번째	140
K-푸드의 해외 표준화를 만든 보배반점	144
프랜차이즈 소스는 뭐가 중요할까?	152
외식 프랜차이즈 소스의 특징	155
외식 프랜차이즈 소스 OEM or ODM?	157
소스도 특허를 낼 수 있을까?	159
그 어떤 소스도 분말로 못 만들 것이 없다	164
수출하려면 분말 소스를 만들어라?	166
'분말은 좋지 않다'는 잘못된 인식	170
식품첨가물이 들어가면 독이다?	174
식품 유통의 혁신을 가져온 보존료	182
각 나라의 수출 규제는?	185
FDA 공장등록을 하려면?	189
관세사만 잘 만나면 수출은 어렵지 않다	191
소스 수출 시 꼭 알아야 할 몇 가지 것들	193

Sauce diary 3

삼투압, 외식인이 알아야 할 과학이론	198
소스만으로 맛을 낸다는 생각은 금물	202
소스 수출을 위해 꼭 알아야 할 기관 및 용어	204
참고문헌	206

Part 1

알/다

인류가 찾고 만들어온
'맛과 색의 역사'

음식·문화·색,
그리고 중독의 힘 '소스'

전 세계적으로 K-푸드가 큰 인기를 누리고 있다. 그 이유 중 하나는 '한류 콘텐츠의 막강한 인기'를 원인으로 얘기할 수 있는데, 2023년 한국국제문화교류진흥원의 자료에 따르면 한류 파급효과에 따른 문화콘텐츠·소비재·관광의 총 수출액이 약 20조원에 이른다고 한다. 이는 2022년과 비교했을 때 5.1% 증가한 수치다.

수출이 증가한 이유로는 코로나19 종식 후 관광객 증가와 함께 자동차·식료품·화장품 등 소비재 수출이 크게 늘었고, 인도네시아·베트남·말레이시아·태국을 비롯해 미국·중국·일본, 그리고 유럽의 대다수 국가들에서 한국 콘텐츠의 인기가 폭발적으로 확산됐기 때문이다. 그리고 OTT와 유튜브 등 다양한 채널을 통해 간접 경험하던 한국의 콘텐츠들은 다시 '여행과 관광'으로 직접 경험하는 형태가 되어 선순환 구조의 파급력으로까지 발전하게 된다.

한류에서 빠지지 않는 또 다른 콘텐츠는 '음식'이다. 음식은 어떤 콘텐츠와도 잘 어울리며 재구매 및 반복 구매가 쉬운 강점을 지니고 있다. 영화나 드라마에서 짜장면 먹는 모습을 보고 '저 검게 생긴 스파게티는 뭐지?'라는 궁금증이 생기고, 그 의문은 관광이나 식품 수출로 이어지기도 한다. 떡볶이나 짬뽕, 칼국수, 불고기, 잡채, 김치, 비빔밥, 된장찌개, 김치찌개, 순두부 등의 음식들도 마찬가지다. 이처럼 K-푸드의 전 세계적인 인기는 한국의 일상식으로까지 그 파급력을 넓혀가고 있다. 이때 확인할 수 있는 또 다른 식재료 중 하나가 바로 '소스(Sauce)'다.

생존을 위한 음식 저장법, 소스 발전으로 이어져

음식의 섭취는 인류의 기원과 함께 시작됐다. 특히 사냥과 채집에서부터 시작해 1만2000년 전 농업사회로의 변화는 음식 섭취 방식을 크게 변화시켰다. 작물을 재배하고 길러 생산하며, 고정된 자원을 확보할 수 있었다. 그러나 이러한 정착 생활은 염분의 필요성을 더욱 강화시켰다. 기존에 동물의 피, 해초류 등에서 간접적으로 얻었던 염분을 이제는 직접 소금을 만들거나 소금물을 찾아야 했기 때문이다. 어쨌든 인류는 몸을 움직이기 위해 최소한의 영양분을 섭취해야 했다. 본능적으로 소금을 먹고, 단백질·지방·탄수화물이 한

유된 동식물을 섭취하는 것 또한 이와 같은 맥락에서다. 이는 에이브러햄 매슬로우의 욕구 위계 이론 중 가장 낮은 단계인 '생리적 욕구 해소' 단계에 해당한다.

인류는 약 100만년 전 불의 발견으로 불 맛을 알게 됐고 소화에도 큰 영향을 준다는 걸 인지하면서 음식을 익혀 먹기 시작했다. 지천에 널려 있던 과일은 발효 과정을 거쳐 술이 됐고 취기까지 느끼게 했다. 불 앞에서 무언가를 구워 먹는 행동은 공통의 소속감을 가지게 했고, 서열을 만드는 과정으로까지 이어진다. 이 과정에서 우연히 발견한 술은 매슬로우의 욕구 8단계 이론 중에서도 가장 정점인 '자아 초월 욕구'를 대체했을지도 모를 일이다.

생존을 위해 섭취했던 음식들은 하나하나 머릿속에 각인되기 시작하고, 그와 동시에 자연스럽게 조리법을 터득하게 됐다. 소금·바람·지형 등을 이용한 저장법까지 알게 되면서 계절과 상관없이 음식을 먹을 수 있는 환경을 만들었다. 즉, 음식 저장 방법은 자신이 사는 곳의 기후와 환경, 지형지물, 동식물 등에 의해 계발되고 구전으로 계승·발전하게 된 것이다.

라틴어·프랑스어에서 확인하는 소스의 어원

소스의 어원 또한 '소금으로 절인 고기'에서 유래됐다. 생존을 위한 조리와 보관법 및 식재료가 다양한 형태의 맛을 내는 소스로 발전하게 된 것.

소스(Sauce)라는 단어는 라틴어 'Salsa'가 프랑스로 건너가 변화된 어휘로, 'Salsus' 또는 'Sal'에서 유래됐는데 이게 바로 '소금에 절인 고기'라는 뜻이다. 소시지(sausage)와 살라미(salami) 또한 같은 어원으로부터 만들어졌다. 뿐만 아니라 로마 시대에는 관리나 군인에게 소금을 급여로 지급한 일도 있었다. 급여를 뜻하는 '샐러리(Salary)'는 라틴어로 '사라리움(salarium)', 즉 소금에서 유래했다.

소스의 어원이 소금인 것을 봤을 때 인류 최초의 소스는 소금이라 해도 과언이 아니다. 몸의 생존을 위해 꼭 필요한 것 중 하나가 소금의 염분이기도 하지만, 음식의 장기 보관을 가능하게 만들 수 있는 소금의 기능 역시 인류의 발자취와 궤를 같이하고 있다.

식품공전에서 '소스'의 정의
동·식물성 원료에 향신료, 장류, 당류, 식염, 식초, 식용유지 등을 가하여 가공한 것으로 식품의 조리 전·후에 풍미 증진을 목적으로 사용되는 것을 말한다. 다만, 따로 기준 및 규격이 정하여진 것은 제외한다.

'소스류'의 식품 유형
복합 조미식품, 마요네즈, 토마토케첩, 소스

원시시대엔 소금을
어떻게 구했을까?

소스의 시작이자 인류의 필수 불가결한 자원인 소금은 인류의 시작과 함께 현재에 이르고 있고, 전 세계 모든 소스에 빠지지 않고 기본적으로 첨가되는 조미료이기도 하다. 짠맛을 통해 식욕을 돋게 만드는 역할만 하는 줄 알았던 소금이 우리가 알고 있는 가격 수백 배 혹은 수천 배 이상에 달하는 가치와 역사까지 지니고 있음을 알고 나면 소금을 다르게 바라볼 수밖에 없다. 즉, 내가 만드는 소스에 들어가는 소금양은 내 식당의 스토리텔링 토대가 될 수도 있는 것이다. 흔하다고 쉽게 보면 안 되는 소스, 그게 바로 소금이다.

인체에 소금이 필요한
6가지 이유

    소금은 우리 주변에 너무 흔해서 마치 공기와 같다. 그러나 너무 많아서 쓸데없다기보다는 필수 불가결한 식재료 중 하나다.

    인류는 구석기를 거쳐 신석기 농경생활을 하면서 한곳에 정착하게 됐다. 그 전까지는 채렵을 통해 동물 핏속의 염분을 간접적으로 섭취했지만, 농경 생활로 인해 주식이 변화하면서 소금은 직접 구해야만 하는 식재료가 됐다. 또 우리 몸에 전기 에너지가 없으면 모든 장기가 멈추게 되는데, 이 에너지를 생성하는 데 꼭 필요한 성분이 소금의 염화나트륨이다.

    인류 4대 문명이 물과 가까운 곳에서 발전할 수 있었던 것 또한 소금을 쉽게 구하기 위한 조건을 최우선적으로 찾았기 때문이다. 이렇게 필수불가결한 소금은 아래와 같이 인체에 꼭 필요한 6가지 역할을 한다.

1 몸속 전기에너지 생성

사람의 몸은 약 100조 개의 세포로 구성돼있다. 몸을 구성하는 세포는 대부분 수분으로 이뤄져 있으며, 여기엔 항상 0.9%의 염화나트륨이 녹아 있다. 3개의 나트륨 이온을 세포 밖으로 내보내고 칼슘 이온 2개를 안으로 들여오면 전위차에 의해 전기 에너지가 만들어지는데, 이 에너지는 신경전달 자극, 근육 수축, 심장의 지속적 작동, 영양분 흡수, 혈관 속 피의 흐름 등에 이용된다. 우리가 먹는 음식의 20~30%는 몸속 전기 에너지를 만들 때 사용하게 된다.

2 체액 균형 조절

체액의 균형을 조절하는 데 중요한 역할을 한다. 소금은 체액 내부와 외부 사이의 오스모라리티(용액 농도)를 조절하여 세포의 수분 흐름을 조절하고, 혈액 압력을 유지하는 데 도움을 준다.

3 신경전달 및 근육 기능

신경과 근육 기능에 필요한 전기 신호 전달을 돕는다. 신경 세포와 근육 세포 간의 전기적 신호를 전달하는 데 중요한 역할을 하며, 신경-근육 조절에 관여한다.

4 소화 및 흡수

소화 과정에서 위산을 생성하고 소화 효소의 활성화에 기여한다. 또한 소금은 소화 과정에서 영양소의 흡수를 돕는다.

5 혈액 pH 조절

혈액의 pH를 조절하는 데 도움을 준다. 혈액의 pH를 안정적으로 유지하기 위해 소금은 산 염기 균형 조절에 중요한 역할을 한다.

6 신체기능 유지

세포의 기능과 대사에 필요한 미네랄인 나트륨과 염소를 제공해 신체 기능을 유지하는 데 도움을 준다.

인류가 가장 먼저 먹기 시작한 최초의 소스

중요한 소금을 원시시대엔 어떻게 구했는지 알기 위해서는 천연 소금원뿐만 아니라 식물 소금, 육류에 녹아 있는 소금, 광물 소금 등을 이해해야 한다. 여기서 '천연 소금원'이란 해수, 소금기가 많은 호수, 바닷가 근처 염전을 통해 섭취한 것을 말한다. 그리고 '식물 소금'은 해초류 외에 일부 허브에 들어있는 적은 양의 소금을 통해 간접 섭취하는 것을 말한다. 간접 섭취 중 가장 많은 부분을 차지한 것은 수렵. 즉, 사냥으로 잡은 동물의 피를 통해서 염분을 섭취한 경우가 가장 많았을 것으로 추정한다.

이후 인류가 한곳에 정착하기 시작하면서 해수의 증발을 활용해 광물 소금 채취하는 방법을 알게 되고, 염전을 만들어 소금을 생산하기 시작했다. 4대 문명이라 불리는 메소포타미아, 이집트, 인도, 중국에서도 소금 없이는 문명을 성장시킬 수 없었다. 메소포타미아의 티그리스강엔 염분이 높은 강줄기가 있었고, 이집트 나일강 근처엔 소금 광물이 있었으며, 인도와 중국에서도 소금 광물을 쉽게 구할 수 있었다. 이렇듯 소금은 인류의 발전에 당연히 있어야 하는 조미식품이었고, 인류가 가장 먼저 만들고 먹기 시작한 최초의 소스였다.

소금 생산·유통, 고려 시대부터 국가가 관리

한국은 삼면이 바다로 둘러싸여 있어서 소금을 쉽게 구할 수 있었을 것으로 생각하지만 절대 그렇지 않다. 한국엔 암염, 즉 소금 광물이 없기 때문에 바닷물을 이용한 소금 채취 외엔 소금을 구할 방법이 없었다.

한반도의 소금은 선사시대부터 주요 자원이었지만 삼국시대(기원전 37년~660년)에 이르러서야 생산을 하기 시작했고 중요한 무역 요소이기도 했다. 당시엔 천일염(바닷물을 증발시켜 만든 소금)과 자염(바닷물을 끓여서 만든 소금)이 주로 생산됐다. 고려 시대에 이르러선 소금이 국가 경제의 중요한 부분을 차지했고, 소금 생산과 유통을 국가가 관리했다. 특히 서해안 지역에서 소금이 많이 생산돼

전국으로 유통되기 시작했다.

　조선시대에 이르러선 소금 생산과 유통이 더욱 체계화되어 자염을 주로 생산했으나 일제강점기엔 자염 방식이 사라지고 천일염이 주로 자리를 잡게 됐다. 그리고 해방 이후, 소금은 대중화되어 우리 식문화에 크게 자리를 잡았고, 특히 천일염을 활용한 김치 담그기가 대표적이다.

　귀했던 소금이 요즘엔 천덕꾸러기가 된 것 같다. 만병의 근원이 마치 소금인 것처럼 말이다. 최근, 한국인의 소금 섭취량이 OECD 권고량의 2배에 달하기에 식습관의 변화가 필요하다는 이야기가 나온다. 국, 탕, 찌개로 인해 소금 섭취량이 더 늘어나고 있는 것이 이유 중 하나다.

　그러나 척박한 땅에서 한정된 식재료로 많은 사람이 나눠 먹을 수 있는 음식이 국, 탕, 찌개였다. 이처럼 생존을 위해 만들어진 요리법이 지금은 건강을 위협하는 식품 자원으로 인식되고 있다. 생존을 위해 소금을 찾던 선조들이 이 얘기를 듣는다면 표정이 어땠을지 자못 궁금해진다.

전 세계 생산량 2억 톤 중 70%가 암염

우리가 흔히 알고 있는 소금은 천일염, 꽃소금, 맛소금이고 요즘엔 고깃집 중에서 차별화를 위해 히말라야 소금 쓰는 곳도 심심치 않게 볼 수 있다.

소금은 생산하는 방법에 따라 규산 소금(정제염), 바닷소금, 코셔 소금, 암염, 검은 소금 등으로 크게 나눌 수 있다. 이 중 규산 소금이 시중에서 판매되고 있는 대부분의 소금이라고 보면 된다. 불순물을 정제해 만든 소금으로, 가장 깨끗하고 많이 사용되는 소금이다. 코셔 소금은 천일염과 같은 방식으로 만들어지지만, 한국의 경우와 같이 4계절 있는 곳이 아닌 환경에서 생산이 되기에 결정이 매우 큰 특징을 갖고 있다. 암염은 지형의 변경이나 해수면이 낮아지면서 생긴 소금인데, 히말라야 소금이 대표적이고 핑크색을 띠는 이유는 미네랄이 함유되어 있기 때문이다. 철분이 산화하면 붉은색을 띠게 된다.

마지막으로 검은 소금은 인도 지역의 소금 광산에서 주로 생산되는데, 황화수소가 들어있어 검은색을 띠고 독특한 맛과 향을 갖고 있어서 미식가들에게 인기 있는 소금이기도 하다. 이처럼 대표적인 소금은 크게 규산 소금, 바닷소금과 코셔 소금, 암염, 그리고 검은 소금으로 나누어 볼 수 있다.

소금은 전 세계 약 2억 톤이 생산되고 있으며 암염이 70%를 차지하고 있다. 바닷물을 이용한 소금 생산은 30%밖에 미치지 못한

다. 그중 한국은 연간 300만 톤을 소비하고 있고, 이 중 15%(45만 톤)가 국내에서 생산되고 있다. 또 전체 300만 톤 중에서 식용으로 사용되는 사용량은 연간 60만 톤에 불과하다.

염도 0.9%가 가장 맛있는 이유는?

국내 약 75만개의 식당들은 지금도 더 맛있는 맛을 찾기 위해 동분서주하고 있다. 특히 젊은 외식 경영자들은 온도계와 염도계, 당도계, PH 측정지, 산도계 등을 구매해 자신의 음식 또는 식품의 맛을 안정적으로 유지하기 위한 노력을 게을리하지 않는다.

생산방법에 따른 소금의 분류

구 분	규산 소금	바닷소금	코셔 소금	검은 소금	암염
생산과정	인위적	자연적	자연적	자연적	자연적
대표제품	꽃소금	천일염	맥코믹	블랙솔트	히말라야 소금
염도	99.90%	97~98%	97~98%	96~97%	95%~96%
입자크기 (마이크론)	100~300	500~1000	1000~3000	100~300	3000~5000

그렇다면 '안정적인 맛'의 기준이란 건 무엇일까. 우선 단맛·신맛·감칠맛은 약하거나 너무 과해도 먹을 수 있지만, 짠맛의 경우엔 0.5% 이하이면 싱겁고 1% 이상이면 너무 짜다. 또 짠맛이 적정 수준의 기준에 이르지 않으면 음식이 맛없다고 느끼기도 한다. 때문에 짠맛의 척도는 어느 정도가 가장 좋은지 염도를 측정하는 경우가 많은데 그중 0.9%가 가장 맛있고 안정적인 맛이라고들 한다.

해당 수치는 단순히 미각에 의해 결정된 게 아니다. 앞서 말한 우리 세포를 구성하는 수분의 염화나트륨이 포함된 수치 역시 0.9%다. 즉, 생존과 직결된 문제이기에 우리의 뇌는 항상 0.9%의 염도를 가장 맛있다고 인식하도록 만들어졌다. '맛있다'라는 개념은 소금으로부터 비롯된 '살고 싶다'의 생존 본능을 바탕으로 만들어졌다고 볼 수 있는 것이다.

식품공전(조미식품)에서 '소금(식염)'의 정의
식염이란 해수(해양심층수 포함)나 암염, 호수염 등으로부터 얻은 염화나트륨이 주성분인 결정체를 재처리하거나 가공한 것 또는 해수를 결정화하거나 정제·결정화한 것을 말한다.

'소금(식염)'의 식품 유형
천일염, 재제소금(재제조소금), 태움.음융소금, 정제소금, 기타소금, 가공 소금

태어나는 순간 중독되는
단맛의 유혹, 설탕

아이는 처음 태어나 모유를 먹는다. 그 안엔 '락토스'라는 천연 당이 들어있는데, 열량이 꽤 높은 음식이자 에너지원으로 단맛을 가지고 있다. 즉, 인간은 태어나는 순간부터 단맛을 보게 되고 이 맛을 선호하게 되는 것이다. 모유 속에 포함된 일부 락토스에도 반응하는 인간이 이보다 30배 이상의 단맛을 지닌 설탕을 맛봤을 때 어떤 반응을 하게 될까? 당연히 설탕은 다시 찾게 되는 식품 원료가 될 수밖에 없다. 맛보지 않았다면 모를까, 맛을 본 이상 그 맛을 절대 잊지 못하기 때문이다.

달지만 쓴 역사를 간직한 설탕

설탕을 생산하는 사탕수수의 발원지가 어디인지, 언제 먹기 시작했는지를 알기 이전에 설탕엔 먼저 알아야 할 슬픈 역사가 있다. 달콤한 설탕 뒤엔 비인간적인 역사가 녹아 있다.

대항해 시대는 신항로 개척을 통한 경제적 이득, 항해 기술의 발전, 종교 전파 등의 이유로부터 시작됐다. 이후 콜럼버스에 의해 신대륙이 발견되며 삼각 무역의 토대가 됐다. 유럽 상인들은 아프리카에 총기와 금속 제품을 팔았고, 아프리카의 노예를 사서 카리브해에 설탕 플랜트를 운영해 생산한 설탕을 다시 영국으로 되팔았다. 아프리카에서도 설탕의 수요가 많아지면서 설탕값으로 노예를 지속해서 팔게 됐다. 더 많은 노예들은 카리브해, 브라질로 팔려가 설탕을 생산하기 시작했다.

팔린 노예들은 자신들과 물물교환이 될 대상인 설탕을 만들기 위해 혹독한 환경에 시달려야 했다. 사탕수수는 덥고 습한 날씨에 잘 자라기 때문에 이런 환경에서 사탕수수를 재배하고 수확을 해야 했으며, 하루 노동시간만 12시간 이상에 달했다. 그렇게 수확한 사탕수수는 단물이 빠지기 전에 설탕 만드는 정제를 하기 위해 빠르게 공장으로 옮겨졌다. 그렇게 설탕을 만드는 대형 공장엔 더 많은 인력이 필요했고, 쉴 새 없이 가동돼야 했으며, 수확되는 순간부터 무거운 사탕수수 나무를 빠르게 이동시켜야 했다. 설탕 플랜트 자체로도 많은 인력이 필요했지만, 유럽의 설탕 수요 증가로 인해 더 많은 인력이 충원돼야만 했다.

대략 1200~1500만 명의 노예가 아프리카에서 출발했지만 브라질, 카리브해, 북미에 도착한 인원은 약 1000만 명에서 1200만 명으로 약 200~300만 명이 배 안에서 사망했다. 설탕에 의해 팔려 나가는 길에서도, 팔린 후 설탕을 생산하는 과정에서도 모두 목숨을 걸어야만 했다.

유럽 강대국들의 달콤함을 위해 아프리카 노예를 사고파는 과정도 이해가 되지 않지만, 설탕과 동족을 물물교환한 아프리카의 지도자들은 더더욱 이해가 되지 않는다. 그만큼 설탕의 맛은 달콤하지만, 그 역사는 참 쓰디쓰다.

기원전 8000년부터 시작된 설탕의 역사

사탕수수의 발원지는 기원전 8000년경의 뉴기니다. 이후 인도와 동남아시아를 거쳐 중국, 페르시아와 중동, 유럽의 순으로 전파되어 오늘에 이르고 있다.

인도에서는 고대 문명부터 사탕수수를 재배했다. 사탕수수의 즙을 내어 단맛 얻는 방법을 개발했는데, 그중 '구르(Gur)'라는 이름의 설탕 만드는 제조 기술을 갖고 있었다. 사탕수수와 대추야자를 끓여서 농축시키는 방법으로, 설탕을 만드는 원초적인 기술이었다. '구르'를 만드는 방법은 사탕수수와 함께 기원전 2세기의 중국으로 건너갔다. 이후 중동 상인들에 의해서 사탕수수를 가공해 설탕 만드는 기술이 발전했고, 10세기경에는 시리아, 이집트 등의 중동 지역에서도 사탕수수를 재배하고 설탕을 만들기 시작했다.

십자군 전쟁 때는 유럽과 중동의 교류가 많아지면서 유럽 사람들도 자연스럽게 사탕수수를 맛보게 됐다. 유럽 내에서는 사탕수수를 키울 수 있는 환경이 되지 않았는데, 대신 지중해 섬인 사이프러스, 크레타와 같은 지역에서 소규모로 사탕수수가 재배됐다. 이것이 유럽에서 사탕수수를 재배한 초기 사례이고, 이후 설탕 플랜트로 발전을 하게 된다.

설탕, 아시아에서는 언제부터 먹었을까?

아시아에서는 언제부터 설탕을 맛보기 시작했을까. 우선 중국은 기원전 2세기부터, 대만과 인도네시아는 15세기 이전부터 사탕수수를 재배했다. 아시아에서도 가장 먼저 사탕수수를 재배했던 중국은 설탕을 정제하고 만드는 제당 기술력이 높아 18세기엔 상당한 수준의 기술에까지 이르렀지만, 19세기 후반 영국 자본으로 만들어진 홍콩 정제당에서 만든 기계화된 정제 기술에 밀려 중국의 정제 기술은 사양산업이 되고, 영국식 정제 기술을 도입하게 됐다.

중국이 설탕 정제 기술을 축적할 동안 한국은 설탕과 무관한 국가였다. 사탕수수를 재배할 수 있는 기후가 아니었기 때문이다. 전통 요리서를 정리해 놓은 자료를 보면, 1815년 경 여러 간식을 만드는 데 설탕을 사용한 기록이 있다. 이는 일반인이 아닌 양반 이상의 계급들이 귀하게 먹었던 음식에 설탕이 재료로 사용됐고, 그 이전의 설탕은 약재로 쓰이는 귀한 재료였다는 것을 보여준다.

19세기 이전의 설탕은 사치품이었으며 누구나 먹을 수 있는 감미료가 아니었다. 일제강점기가 되면서 평양에 일본 제당 회사 조선 지점이 자리를 잡았고, 이때부터 설탕이 대량 수입되기 시작했다. 설탕을 중국으로 수출하는 수출국 지위에 서기도 했다. 대중들 또한 비싼 값을 치르기만 하면 단맛을 볼 기회가 훨씬 더 많아졌다. 또 해방이 되고 나서 설탕의 수요는 기하급수적으로 늘어났고, 1953년엔 삼양사가 본격적으로 설탕을 생산하기 시작했다.

이후 점차 많은 기업이 설탕을 생산하면서 설탕 가격은 내려가게 됐다. 1960~1970년엔 식품산업이 발전하며 제과, 제빵, 음료 산업도 활기를 띠기 시작했으며, 이때 설탕은 사치품이 아닌 대중 감미료이자 어디에서나 쉽게 먹을 수 있는 식품 원료가 됐다.

옥수수, 쌀, 밀보다 많이 재배되는 작물

사탕수수는 생산량 측면에서 보면 옥수수, 쌀, 밀보다도 많이 재배되는 작물이다. 주식인 쌀보다 많이 재배한다니 '설탕을 많이 먹나?'라고 생각할 수 있지만, 사탕수수는 설탕뿐 아니라 바이오 연료, 주류로도 많이 사용하는 작물이기 때문에 무조건 설탕만을 위해 재배하는 건 아니다.

2021년 한국 국민이 소비한 1인당 쌀의 양은 57kg인 반면, 설탕은 31kg을 소비하고 있다. 쌀의 절반 넘게 설탕을 먹고 있다. 또 2009년 기준 설탕 수입은 165만 톤으로 전 세계 4위의 수입국이 되어있다. 우리의 주식인 쌀의 50% 이상을 설탕으로 먹고 있는데 OECD 평균 32.3kg보다 적다는 게 더 놀랍다. 설탕을 더 먹어도 된다는 이야기인가? WHO(국제보건기구)의 하루 권장량 50g을 1년으로 환산하면 18.2kg인데 비해 31kg 이상을 먹고 있는 한국인의 식습관이 많이 달라진 건 사실이다.

설탕은 우리에게 중요한 에너지원이기도 하며 각종 음식의 맛을 살려주는 감미료이기도 하다. 단맛을 에너지원으로 느끼는 신체 구조상 단맛의 유혹을 쉽게 뿌리치긴 힘들다. 권장량 지키기 위한 노력을 하더라도 설탕 들어가지 않는 식품이 없을 정도니 이 부분도 충분히 유념해야 한다.

짠맛을 낮추는데 왜 설탕을 넣지?

음식을 만들어 본 사람이라면 누구나 한 번쯤 경험해 본 일이다. 생각보다 짜게 조리된 음식의 경우 설탕을 넣어서 짠맛을 줄인다. 상식적으로 물을 넣어야 할 것 같지만 물의 양도 많이 들어가고 음식의 맛이 약해져 원하는 맛이 안 나기 때문에 설탕으로 높아진 염도를 줄이는 것이다.

단맛, 짠맛, 신맛, 쓴맛, 감칠맛을 '5미'라 하지만, 그 가운데에서도 적당량으로 만들기 가장 어려운 것이 바로 '단맛과 짠맛'이다. 두 가지 맛은 모든 음식에 쓰인다고 해도 과언이 아니고, 가장 먼저 쉽게 느끼는 맛이라서 더 그렇다. 맛의 상호작용은 다음과 같다.

소스를 만들고 수도 없이 맛을 테스트해야 하는 상황에서 가장 주의해야 하는 것이 바로 '감각 피로'다. 반복적으로 맛을 봐야 하는데 처음과 다르게 무뎌지거나 느끼지 못했던 맛이 느껴지는 경우가 많다. 제품을 개발할 때 가장 주의해야 할 상호작용이다.

우리는 무수히 다양한 맛들을 느끼고 있다고 생각하지만 촉각, 후각을 제외하면 맛의 종류는 5가지로 제한된다. 맛의 특성에 맞게 균형적인 상호작용을 이해한다면 음식은 생각보다 쉽게 다가오게 될 것이다.

맛의 상호작용과 특징

구 분	작용의 특징
대조 효과	초콜릿에 소금을 넣으면 단맛이 더 강하게 느껴지는데, 그 효과를 바로 '대조 효과'라고 한다. 서로 반대되는 맛들이 만나면 한쪽 맛이 덜 강하게 느껴지거나 더 강하게 느껴질 수 있다.
상쇄 효과	신맛이 강한 레몬에 설탕을 첨가하면 신맛이 약하게 느껴지는 효과로, 하나의 맛이 다른 맛을 약화시키는 현상이다. 쓴맛이 나는 커피에 설탕을 넣는 이유도 같다.
기폭 효과	우리가 흔히 알고 있는 조미료인 다시다, 미원, 핵산 등을 아무리 많이 넣어도 마지막에 소금을 넣지 않으면 그 맛이 배가 되지 않는다. 이는 기폭 효과의 일종으로 음식의 풍미를 높이고 더 깊게 만들어 주는 역할을 한다.
증폭 효과	매운맛을 가진 음식에서 흔히 나타나는 현상으로, 음식 섭취 직후에는 맛이 강하지 않다가 점점 더 매운맛이 올라와 나중에 더욱 맵게 느끼는 효과로 고추나 향이 강한 허브, 향신료에서 자주 느끼는 작용이다.
감각 피로	한 가지 맛을 지속해서 느끼면 미각이 그 맛에 적응해 민감도가 떨어지는 현상이다. 먹을 때마다 다른 맛을 느끼게 된다.
감칠맛	주로 고기, 채소, 치즈, 토마토 등의 음식에서 느껴지는 깊고 풍부한 맛으로, 다른 맛들과 조화를 이루며 전체적인 맛을 강화한다. 특히 감칠맛은 단맛과 짠맛을 더욱 부드럽고 풍부하게 느끼게 해준다.

식품공전(당류)에서 '설탕류'의 정의
설탕류라 함은 사탕수수 또는 사탕무 등에서 추출한 당액 또는 원당을 정제한 설탕, 기타 설탕을 말한다.

'설탕류'의 식품 유형
설탕, 기타 설탕

고추가 한국에 들어온 건 콜럼버스 때문이라고?

국내를 넘어 전 세계에서 사랑을 받는 K-푸드의 중심에도 고춧가루가 있다. 고추장, 불닭 볶음 소스, 떡볶이 소스가 대표적이다. 요즘 K-푸드의 열풍을 보면 단순 호기심에 시험 구매를 하는 게 아니라 독창적인 음식으로 인정하고 재구매가 일어나는 것까지 볼 수 있는데, 그 흐름을 볼 때마다 고춧가루(고추)의 강력한 영향력을 느낄 때가 많다.

아마존 강에서 시작된
고추의 역사

'작은 고추가 맵다'는 한국 민족을 대표하는 속담 중 하나다. 작은 민족의 힘을 나타내기도 하지만 그만큼 매운 고추를 많이 먹기도 한다는 뜻이다. 일본이 한국 국민을 말살하기 위해 들여온 작물인데, 정작 한국인들은 매운 고추로 허기를 달래 놀랐다는 설이 있을 정도다. 다 틀린 말은 아니다. 실제로 일본을 통해서 들어왔으니 말이다.

고추의 원산지는 일본이 아닌 남아메리카 아마존 강이다. 가짓과에 속하는 1년생 목초로, 고추의 야생종 기원은 기원전 약 6600~5500년으로 추정한다. 마야와 아즈텍 문명은 이미 고추를 약용으로 사용했으며 카카오에 고추를 넣어 먹는, 자극적인 음료를 즐겼던 것으로 전해진다. 지역으로 따지면 현재의 멕시코와 과테말라다.

할라페뇨, 세라노, 파시야, 아나하임, 아르볼, 포블라노, 하바네로, 칠테핀, 구아지요, 로코토 등이 멕시코와 과테말라의 대표적인 고추로 다양한 요리에 사용된다. 원산지답게 다양한 품종의 고추가 재배되며 음식에도 활용하고 있다. 특히 전 세계적으로 유명한 할라피뇨는 멕시코의 대표적인 고추 중 하나로 크기가 작고 두껍다. 매운맛이 적당해 다양한 요리에 사용된다. 흔히 알고 있는 피클로도 많이 사용되고, 할라피뇨를 훈제해 말리면 '칠폴레'라고 부르는데 독특한 훈제 향이 나는 특징을 갖고 있다. 이처럼 멕시코와 과테말라엔 다양한 조리법과 다품종의 고추가 있다. 원산지답다.

콜럼버스의 교류, 전 세계에 고추가 전해지다

크리스토퍼 콜럼버스는 신대륙을 발견한 위인이다. 그렇다면 고추도 콜럼버스가 발견했다는 말인가? 물론 직접적 발견은 아니더라도 콜럼버스에 의해 유럽 여러 나라로 고추가 전해진 건 사실이다. 고추 하나뿐만 아니라 콜럼버스는 다양한 교역과 교류를 가능하게 만들었는데, 이를 바로 '콜럼버스의 교류'라고 한다.

식물 교류 - 옥수수, 감자의 원산지는 아메리카지만 유럽과 아시아, 아프리카로 전파돼 각 지역의 주요 식량 작물이 되었고, 특히 감자는 유럽의 인구 증가에 이바지하기도 했다. 토마토·고추·카카오·바닐라·땅콩도 아메리카에서 유럽으로 전해져 다양한 요리 문화와 음식에 새로운 풍미를 더했다. 이탈리아의 대표 요리인 토마토소스 또한 콜럼버스의 교류 이후 도입되기 시작했으며 밀·쌀·보리는 유럽과 아시아에서 전해진 곡물들이 아메리카에서도 재배되기 시작해 유럽 식생활이 자연스럽게 아메리카로 전파됐다. 또 아프리카의 커피와 사탕수수는 아시아로 전파된 후 아메리카 열대기후에서 대규모로 재배됐다. 특히 사탕수수는 카리브해와 남미(브라질)에서 대규모 플랜테이션 농업의 중심 작물로 자리 잡게 된다.

동물의 교류 - 말·소·돼지·양·닭은 유럽에서 아메리카 대륙으로 가져와 새로운 생활방식과 농업 혁신을 가져왔다. 특히 말은 아메리카 대륙에 없어서는 안 될 이동 수단이자 농업 및 전투에 사용하는 필수 도구로 자리 잡았다. 또 추수감사절에 먹는 칠면조 요리는 1621년 메사추세츠주 플리머스에 정착한 청교도들이 첫 수확을 기념하며 원주민들과 함께 감사의 뜻 나누는 식사를 할 때 먹은 것이 그 기원이다. 칠면조는 아메리카 대륙이 원산지이기도 하며, 고기의 양이 많기 때문에 여러 사람이 모이는 자리에 내놓기 제격인 음식이었다. 칠면조도 콜럼버스의 교류 때문에 유럽으로 전파됐다.

질병의 교류 - 천연두, 홍역, 독감이 유럽에서 아메리카 대륙으로 전파돼 수많은 원주민이 사망했고, 이는 유럽인들이 아메리카 대륙을 정복하고 식민지를 세우는 데 중요한 역할을 했다.

인구 이동과 노예무역 - 유럽인들이 아메리카로 이주하면서 새로운 식민지들이 만들어졌다. 스페인, 포르투갈, 영국, 프랑스 등이 아메리카에 식민지를 세웠고, 이로 인해 원주민 사회가 급격하게 변화했다. 또한 아프리카에서 아메리카로 대규모 노예들이 강제 이송됐으며, 이들은 주로 사탕수수·담배·커피 농장의 강제 노동에 동원됐다.

문화적 교류 - 유럽인들은 아메리카에 자신들의 기술, 종교, 법률, 언어 등을 전파했다. 특히 가톨릭교가 아메리카 대륙에 널리 퍼지면서 지역 사회와 문화에 깊은 영향을 미쳤다. 또 아메리카 대륙에 아프리카, 유럽, 원주민 문화가 혼합되면서 새로운 예술적, 음악적 전통이 형성돼 오늘날의 라틴 아메리카 음악과 예술의 기초가 됐다.

이처럼 콜럼버스의 교류로 인해 세계 식생활 변화, 경제성장, 문화융합이라는 긍정적 영향을 미쳤지만 이와 반대로 노예무역, 질병, 원주민 문화 파괴라는 부정적 영향을 미쳤다. 이와 같은 맥락에서 만약 콜럼버스의 교류가 없었다면 고추는 지금처럼 한국에서 흔한 작물이 아니었을 수 있다.

'고초를 겪다'라는 말의 어원과 의미

한국에 고추가 들어온 건 언제부터였을까? 약 400년 전인 1613년 이수광이 지은 《지봉유설》에서 "고추에는 독이 있다. 일본에서 비로소 건너온 것이기에 왜 겨자라 한다"라고 문헌에 기록된 것으로 보면 일본을 통해 건너온 것으로 보인다.

반면, 1709년 '카이바라 에키켄(かいばらえきけん, 1630~1714)'이 지은 《야마토 본초》에 의하면 "옛날 일본엔 고추가 없었는데 도요토미 히데요시 공이 조선을 정벌했을 때 그 나라 종자를 가져와 '고려 초'라 했다"는 기록이 있어 한국에서 먼저 재배했다는 설도 있다.

이 당시의 에도시대(1603~1868)는 중앙 집권적 정치 체계가 자리 잡은 시기였으나 각 지역 성이나 번끼리의 소통과 교류는 제한적이었다. 즉, 포르투갈에서 일본으로 간 고추는 일부 지역에서만 재배하고 일본 전역으로 전파되지 않았다. 조선에서 고추를 처음 접했던 도요토미 히데요시가 오히려 '고려 초'라는 문헌의 기록을 만들게 됨으로써 비로소 일본 전역에 알려지게 된 것이다. 여러 사실로 비춰볼 때, 고추는 일본에서 한국으로 유입된 것이 가장 타당한 설이라 할 수 있겠다.

어쨌든 이렇게 한국에 유입된 고추는 계절만 잘 맞추면 재배하기도 수월하고 열매도 많이 맺어졌다. 때문에 식재료가 귀하던 시절, 중요한 식량 자원으로 빠르게 전파가 됐다. 매운맛의 고추지만 허기

를 달랠 수 있는 식량인 셈이었다.

'고초를 겪다'라는 말의 어원 또한 매운 고추에서 비롯되었듯 선조들은 매운맛을 정확히 알고 있었다. 고추의 기능도 잘 이해하고 있었던 것으로 보인다. 대표적인 사례 중 하나가 장 담글 때 마른 고추를 넣는 것인데, 마른 고추의 '방부제 역할'을 활용한 조상의 지혜라 할 수 있다. 고추는 방부 효과가 있어서 미생물의 활동을 억제하기 때문에 냉장 시설이 없던 시절부터 방부제 기능을 톡톡히 했던 것으로 보인다.

조선 시대 고추 관련 문헌을 보면 18세기 고추와 고춧가루는 우

조선 시대 고추 관련 문헌들

문헌	간행 연도	관련 내용
지봉유설	1613년	남말초, 왜계자
산림경제	1715년	남초, 왜초
증보산림경제	1766년	남초, 여고초, 남말초, 오이소박이
규합총서	1810년	섯박지, 동과석박지, 동침이. 장짱지. 월과채, 임자좌반, 고쵸장(니어), 고쵸가로(은어), 고쵸닙
농가월령가	1816년	초
임원경제지	1835년	번초
동국세시기	1849년	번초편, 초
오주행문장전상고	1850년	만초, 한고초, 번초, 약명고초
진찬의궤	1877년	고초잎

리 음식에도 널리 쓰이기 시작한 것으로 나타난다. 다양한 음식에 사용 빈도가 늘어가는 것을 알 수 있다. 고추 특유의 알싸한 맛과 조미료의 기능도 있었다. 또 소금이 귀하던 시기에 장기 보관용으로 고춧가루를 사용하기도 했다. 소금으로 충분히 염지를 할 수 없었던 시기에 고춧가루가 소금의 기능을 대신했던 것이다. 겨울을 나고 다음 해 늦가을까지 먹을 수 있는 빨간 김치의 장기 보관을 위해 고춧가루를 사용했을 가능성도 배제할 순 없다.

고추는 한국뿐만 아니라 전 세계에 없어서는 안 될 귀한 작물이다. 한국에서의 의미는 더 크다. 인도의 카레, 유럽의 토마토, 아시아의 장과 함께 독특한 특징을 나타내는 고추장이 바로 고추로부터 시작됐기 때문이다. 이처럼 소스에는 역사가 있고, 역사는 대부분 생존의 이유로부터 시작됐다. 오늘에 이르러서도 여기에 감칠맛이 추가됐을 뿐, 작물을 발견했던 초기와 비슷한 형태의 원재료를 사용하고 있다는 걸 알 수 있다.

한국의 고춧가루 연간 사용량 17만 톤 내외

한국 소스의 핵심 재료는 단연 고춧가루다. 국내, 국외에서도 한국의 소스 차별화 요소 중 하나가 고춧가루로 만든 독창적 소스 '고추장'이다. 그렇다면 매해 얼마만큼의 고춧가루를 소비하고 있을까?

한국은 연평균 7만1000 톤의 건 고춧가루를 생산하고 있으며 수입량은 연간 10만6000 톤이다. 생산량과 수입량을 더해봤을 때 연평균 총 17만7000 톤의 고춧가루를 공급하기 위해 준비해야 하며, 총 소비량은 16만8000톤에 달하고 있다.

한국의 평균 가구 수가 2177만3507가구인데 총 1억6800kg을 소비한다고 단순 계산을 하면 한 가구당 7.7kg의 고춧가루를 연간 소비한다고 추정할 수 있다. 양념 어디에나 들어가는 양파, 마늘을 제외하면 양념 채소로 가장 많이 사용하고 있는 것이 바로 건고추인 것이다. 한국인이 고춧가루를 얼마나 많이 음식에 사용하고 있는지를 보여주는 통계자료다.

막상 우리 식탁을 보면 김치, 나물, 각종 찌개 등에 고춧가루는 항상 들어간다. 이런 식습관이 왜 생겼는지를 생각하면, 식재료 없던 시절의 선조들이 매운 고추로 허기를 달랬다는 걸 알 수 있다. 이 식습관은 지금까지 이어져 고춧가루 들어간 음식을 "시원하고 깔끔하다"라고도 말하고 있다. 1613년부터 이어져 온 식습관의 계승이라고 볼 수 있다.

식품공전(조미식품)에서 '고춧가루'의 정의
고춧가루 또는 실고추라 함은 가짓과에 속하는 고추 또는 그 변종의 성숙한 열매를 건조한 후 분쇄한 것이거나 실모양으로 절단한 것을 말한다.

'고춧가루'의 식품 유형
고춧가루, 실고추

2023년산 건고추 재고량 추정 (단위 : 천 톤, %)

연산		생산량 (A)	전년 8월~금년 4월 수입량·기말 재고 (B)	공급량 (C=A+B)	전년 8월~금년 4월 소비량 (D)	4월 말 재고량 (E=C-D)
2023년		60	113.6	173.6	165.2	8.4
2022년		62.9	112.2	175.1	164.4	10.7
평년		71	106.9	177.9	168.8	9.1
증감률	전년비	1.2	-0.9	0.5	-21.6
	평년비	6.2	-2.4	-2.2	-7.5

자료 : 농업관측센터, 관세청, 통계청

조선시대 영조가 가장 좋아했던 고추장

영조가 즐겨 먹던 고초장이 고추장이 되어 우리만의 독창적인 소스가 만들어지게 됐다. 250년이라는 시간 동안 설탕, 감칠맛, 방부제, 주정 등이 첨가되며 맛도 점점 좋아지고 전 세계 사람들이 즐겨 찾는 고추장이 됐다. 각 지역의 특산물을 섞어 지역별로 발전 해온 고추장의 역사는 된장, 간장에 비해 만들어진 시기는 가장 적지만 한국을 대표하는 K-푸드의 장으로 으뜸이라고 해도 과언이 아니다.

구수함과 단맛,
영양까지 강조된 발효식품

　전 세계 K-푸드 열풍의 중심엔 매운맛의 고추로 만든 숙성장인 고추장이 있다. 매운맛을 선호하지 않는 사람들도 도전하게 되는 한국의 매운맛, 맵지만 달콤하고 건강에 좋은 발효 소스다. 한국 고추는 감칠맛을 돋워 주는 원재료로, 소금을 구하기 힘들었던 땐 소금을 대체하기도 했고 감칠맛이 없었던 때에는 조미료의 역할을 담당했다. 냉장고를 대신해 방부제의 역할도 고추가 대신했다.

　고추장은 콩의 단백질과 찹쌀, 쌀, 보리쌀 등의 탄수화물이 만나 구수함과 단맛이 어울려 매콤 달콤한 맛을 완성하게 되는데 여기에 소금, 고춧가루, 시간이 더해져 영양까지 강조가 된 발효식품이 된다. 특히 고추장용 메주는 된장을 만들 때와 다르다. 주먹만 한 크기에 동그랗게 만들어 분말로 만들기 쉽게 한다. 소금 함량도 된장 메주보다 낮다. 또 된장 메주는 2~6개월 이상의 숙성기간을 거치는데

반해 고추장 메주의 숙성기간은 1~2개월 정도다.

다양한 영양소가 첨가된 소스들은 많지만, 발효균까지 함유하면서 열에도 강한 균을 가진 소스는 드물다. 그중 하나가 고추장이다.

임금에게도 진상했던 순창고추장의 기록

고추장 담금법에 대한 최초의 기록은 1766년, 조선 중기의 《증보산림경제》 문헌에 기록되어 있다. 문헌에 따르면 "맛을 좋게 하기 위해 말린 생선, 다시마 등을 첨가했다"고 한다. 고추가 기록된 《지봉유설》의 1613년에서 154년이 지난 후다. 다시 말해 고추가 들어오고 150년이 지나서야 고추장이 대중화되기 시작했다고 볼 수 있다.

1740년, 영조 때 이표가 쓴 《수문사설》을 보면 전라도 순창 지방에서 전복·큰 새우·홍합·생강 등을 첨가해 고추장을 만들었고, 1815년 《규합총서》에는 고추장용 메주를 따로 담고 각종 탄수화물에 꿀까지 넣는 다양한 방법으로 발전해 오늘에까지 이르고 있다.

문헌에 따르면 순창고추장은 임금에게도 진상됐었다는 기록이 있다. 사도세자를 뒤주에 가둬 죽게 한 영조(1694~1776)는 조선왕소 21대 왕으로 조선왕조 500년 역사에서 가장 오래 산 왕이다. 음식을 적게 먹었고 끼니 시간을 어기지 않았으며 반찬 중에선 고추장을 가장 좋아했던 것으로 알려져 있다. 때문에 1766년의 《증보산림경제》 이전부터 고추장을 만들어 먹었다고 추정을 한다.

영조 25년(1749년)에도 실록에 이미 고초장을 "천초의 종류로 만들었다"는 기록이 있다. 추어탕에 주로 쓰이는 초피나무 열매인 천초는 일부에서는 '고초(苦椒)'라고 불렀다. 당시 고추장이 아니라 고초장(苦椒醬)이라고 기록된 이유도 이 때문이다. 영조가 돌아가신 해, 《증보산림경제》에 고추장의 기록이 있는 것으로 보면 고초장 즉, 천초로 만든 장에서 시작되어 지금의 고추장에 이르렀다고 보는 것이 더 맞을 것이다.

다시 말하면 고초장이 없었다면 지금의 고추장이 만들어지지 못했거나 그 시기가 더 늦춰졌을 수 있다는 추론을 충분히 할 수 있다. 다시 말해 영조가 즐겨 먹었던 "송이, 전복, 어린 꿩고기, 고초장" 중에서 고초장은 지금의 고추를 원료로 한 게 아닌 초피나무 열매로 만든 고초장임을 알 수 있다.

식품공전에서 '장류'의 정의
'장류'라 함은 동·식물성 원료에 누룩균 등을 배양하거나 메주 등을 주원료로 하여 식염 등을 섞어 발효·숙성시킨 후 제조·가공한 것을 말한다. 한식 메주, 개량 메주, 한식 간장, 양조간장, 산분해 간장, 효소 분해 간장, 혼합간장, 한식 된장, 된장, 고추장, 춘장, 청국장, 혼합장 등이 여기에 포함된다.

'장류'의 식품 유형
한식 메주, 개량 메주, 한식 간장, 양조간장, 산분해 간장, 효소 분해 간장, 혼합간장, 한식 된장, 된장, 고추장, 춘장, 청국장, 혼합장, 기타 장류

'진짜 고추장'이라는 이름을 붙이려면

    콩의 원산지가 한반도 일대이다 보니 콩이 주원료인 음식과 각종 소스가 한국과 중국에 걸쳐 발전했지만, 고추장의 경우에는 고추의 유입 이전, 산초 열매로 고초장을 담갔었다. 때문에 한국과 중국은 똑같은 고초장을 담갔었다. 하지만 고추를 활용한 고추장은 한국 민족에게서만 독창적으로 만들어지고 발전해 오늘날에 이르러 세계 곳곳에 K-푸드의 대표적인 소스로 자리 잡고 있다. 약간은 쿰쿰하며 텁텁할 수 있지만 시원한 맛을 내는 고추장, 시원하다고 느낀 맛이 갑자기 매콤함으로 변해 입안 전체가 얼얼해진다. 이처럼 증폭 효과에 의해 달콤함 뒤에 숨은 매콤함이 붉은빛 고추장의 매력을 한층 더 돋보이게 만든다.

    요즘엔 깔끔한 맛을 위해 고추장이 아닌 고춧가루만을 사용해 음식 만드는 경우가 많은데, 이는 1776년부터 만들어져 온 우리 고유의 역사와 비법을 쉽게 버리는 일이다. 또 최근엔 메줏가루를 넣지 않고 만드는 고추장이 등장하기도 한다.

    하지만 전통 고추장은 고추장 메주를 넣어 건강하며, 발효 시간을 통해 숙성 향이 깊게 느껴지는 특징이 있다. '진짜 고추장'이라는 이름을 붙이려면 이러한 기본 조건을 충족해야만 하지 않을까. 독창적인 소스인 고추장의 형태를 유지하며 지켜나가려는 노력이 그 어느 때보다 필요한 시점이다.

간장, 된장, 고추장의 주원료
콩

콩은 세계적으로 중요한 식량 자원이자 가공식품의 원료로 사용된다. 콩은 두유, 두부, 된장, 간장, 콩기름, 대두 단백 등의 다양한 식품으로 가공되며 육류를 대체하는 식품으로, 특히 채식주의자와 비건 식단에서도 중요한 역할을 하고 있다. 분만 아니라 바이오 디젤의 원료로도 활용돼 지속적인 에너지원으로 주목을 받고 있기도 하다.

콩,
한반도 소스의 시작

 콩은 야생의 덩굴 콩으로부터 진화된 세계 5대 작물 중의 하나로, 단백질·지방·비타민 B·무기질의 공급원이며 고대부터 중요한 식량 자원이었다. 콩의 종실에는 40%의 단백질, 20% 지질, 35%의 탄수화물이 들어있어 3대 영양소가 풍부한 작물이기도 하다. 동남아시아 일대의 중국, 한반도가 원산지로 약 4000~5000년 전부터 재배가 시작됐다. 특히 대두는 매우 중요한 식량 자원으로 여겨졌다. 콩나물, 두부, 간장, 된장 등으로 가공해 365일 먹을 수도 있었다. 부족한 단백질을 보충하기에 더없이 좋은 식량 자원이 아닐 수 없다.

 두만강의 어원도 '콩이 가득하다'라는 뜻인 것처럼, 우리 주변엔 콩이 지천으로 널려 있는 것을 알 수 있다. 또한 미국 농무부 콩 육종 연구소에서도 한국 콩의 우수성과 다양성 때문에 약 25%의 한국 콩을 보관해 연구하고 있다. 우리 콩의 우수성을 나타내는 방증이다.

일부 학자들은 콩이 외세 침략을 막은 이유 중 하나라는 말을 하기도 하는데 그 이유는 한반도의 지리적 특성상 외부의 침략이 끊이지 않았기 때문이다. 하지만 외세의 침략을 이겨낸 이유 중 하나로 콩을 꼽는 견해도 적지 않다. 부족한 단백질을 콩으로 충분히 섭취한 우리 민족은 타민족과 비교하면 골격이 단단하고 머리도 좋아서 체력뿐만 아니라 지략도 뛰어났기에 외세와의 싸움에서도 잘 이겨낼 수 있었다고 한다. 즉, 단백질 보충이 쉽지 않았던 시기의 콩은 전략적인 식품이기도 했던 것이다.

척박한 땅에서도 잘 자라는 고마운 작물

4계절이 뚜렷한 온대성 기후인 한국은 계절 변화로 인해 다양한 식물이 재배되기도 하지만, 온도 차에 따라 쉽지 않은 작물 재배도 많고, 국토의 70%가 산지로 이뤄져 있어 척박한 토지가 대부분이다. 이 같은 어려운 환경에서도 쉽게 재배가 가능한 대표 작물이 바로 콩이었다.

콩은 다른 작물과 달리 질소 고정 능력을 갖춘 '뿌리혹박테리아(리조비움, Rhizobium)'와 공생한다. 이 박테리아는 대기 중의 질소를 고정해 식물이 사용할 수 있는 질소로 전환하는데, 덕분에 콩은 많은 양의 질소 비료를 필요로 하지 않으며 다른 작물에 비해 비료에 대한 의존도도 낮다.

  식물이 성장하기 위해선 질소, 인, 칼륨의 3대 영양소가 있어야 하는데 그중 질소는 성장과 생산성에 중요한 역할을 하며, 주로 엽록소 생성과 단백질 합성에도 중요한 역할을 담당한다. 따라서 질소 고정 능력이 있는 콩은 질소 비료를 인위적으로 생산하기 이전까지도 잘 자라는 작물이었다. 이처럼 콩은 기후, 토양이 다른 곳에서도 잘 적응해 재배 및 관리가 쉬웠고 수확물을 얻기도 비교적 쉬워서 누구나 쉽게 재배할 수 있는 작물이었다. 쉽게 재배하는 것에 비해 단백질은 풍부하니 우리 민족에게는 정말 고마운 작물이 아닐 수 없다.

콩 발효해 만든 장류의 기록은 1세기부터

  그렇다면 콩을 가공하고 보관해 사용한 것은 언제부터였을까. 고구려 안악 3호분(서기 357년) 벽화에는 고구려 귀족의 생활, 주거 공간, 가옥 구조 등이 상세히 표현돼 있어 당시 모습을 예상해 볼 수 있는데, 이 벽화의 우물 한편에는 옹기들이 나란히 놓여 있다. 아마 이 옹기들은 된장과 같은 발효식품을 넣는 데 사용한 것으로 추정할 수 있다. 이미 고구려에서는 콩을 이용한 장 문화가 널리 전파되어 있었다는 걸 전제로 하고, 기원전 37년부터 서기 668년까지 이어진 고구려의 역사를 바탕으로 봤을 때 장은 이미 1세기부터 대중화됐을 것으로 추정된다. 이를 뒷받침하는 문헌의 하나로, 중국 '장화(232~300)'는 중국 서진 시대의 학자이자 정치가였는데 그가 저술한 《박물지(博物志)》를 보면 "메주는 시라 불리었고 이 시는 외국에서 왔다"라고 기록돼 있다.

또한 《삼국사기》, 《삼국유사》와 같은 역사서에도 콩을 발효해 만든 장류의 기록이 등장하는 것으로 미루어 우리 민족이 콩을 발효해 메주를 만든 것을 알 수 있다. 약 1세기부터 우리 민족은 한류의 상징이 되는 소스를 개발해 낸 것이다. 주변의 먹거리와 환경에 맞게 만들어진 메주는 항상 단백질이 부족한 우리 민족에게 양질의 단백질을 공급해 두뇌와 신체 발달에도 큰 도움을 주었다.

20세기를 이어온 선조의 고초균, 바실러스(Bacillus)

삶은 콩을 빻아서 틀을 잡고 볏짚으로 말아서 처마에 걸면 사방으로 통하는 바람이 건조와 동시에 부패를 막아준다. 이때 볏짚에 있는 유익한 균인 '바실러스 서브틸리스'가 발효를 촉진하게 된다. 된장에 필요한 메주는 이렇게 만들어진다. 그리고 잘 발효된 메주를 소금물에 넣어 숙성하면 비로소 된장과 간장이 만들어지게 되는 것이다.

된장 속 바실러스(Bacillus) 균, 특히 '바실러스 서브틸리스(Bacillus subtilis)'는 된장 발효 과정에서 중요한 역할을 하며 건강에도 여러 가지 유익한 효과를 제공한다. 소화 기능 개선, 장 건강과 면역력 증진, 항균 및 항바이러스 효과, 항산화 효과, 항암 효과, 염증 억제가 대표적이다. 또 100℃에 약 40분간 끓여도 살아 있는 것으로 알려져 있어 '끓여도 죽지 않는 유익한 미생물'이다. 특히 바실러스균은 균 막을 형성하고 있어서 대장까지 살아서 가기 때문에 더 유익하다.

유제품을 발효해 얻는 유산균도 좋지만, 콩으로 만든 유익균은 우리의 장과 더 잘 어울린다. 우리 음식문화인 국, 탕, 찌개를 통해 20세기 전의 선조들이 지금까지 전해주고 있는 유익한 미생물이라고 볼 수 있다. 청국장 역시도 된장과 함께 바실러스 균의 보고로 알려져 있고, 일본은 낫토와 미소 된장을 즐겨 먹는다. 이처럼 발효로 만들어진 장은 전 세계 장수국가의 비결 중 하나이기도 하다.

피로 해소, 면역력 증진에 좋은 아스파라긴산

콩을 얘기할 때 빼놓을 수 없는 것 중 하나가 콩나물이다. 이 작물은 아시아 지역에서 많이 먹는 식재료지만, 반찬·국·찜·찌개 등 한국에서만큼 널리 사용되는 경우는 없다. 1970년대만 하더라도 집마다 방안엔 콩나물시루가 하나씩 있어서 항시 콩나물은 떨어지지 않는 식재료였으니 다양한 음식에 사용된 것도 어찌 보면 당연할 수 있다.

단백질의 집합체인 콩이 콩나물이 되는 과정에서 아스파라긴산이 다량으로 생성된다. 흔히 알고 있는 것처럼 숙취 해소에 좋다는 아스파라긴산이 다량 함유된 콩나물 해장국이 진짜 해장국인 이유도 여기에 있다. 과거의 아스파라긴산은 단백질 합성에 필요한 효능이 주요했겠지만 지금은 피로 해소와 암모니아 해독, 면역력 증진 등의 이유로 더 많이 찾고 있다. 특히 술을 먹으면 간이 알코올을 분해하는 과정에서 암모니아가 만들어진다. 암모니아의 누적 생성으로 인해 피로감, 두통, 메스꺼움 등의 증상이 유발되는데, 그게 바로 우리가 느끼는 숙취다. 콩나물은 숙취 현상의 근본이 되는 암모니아 해독 작용을 하기 때문에 숙취 해소에 콩 국물이 더없이 좋은 이유다.

콩의 주요 생산국은 미국·브라질·아르헨티나

콩은 원산지인 한국과 중국을 통해 일본과 동남아시아로 전파됐고, 중국과 일본에 의해 17세기 유럽으로 전파가 됐다. 18세기 말에는 미국을 비롯한 서양의 여러 지역에서 널리 재배되기도 했다.

오늘날 콩은 전 세계적으로 재배 및 유통이 되고 있고 미국, 브라질, 아르헨티나가 주요 생산국이며 수출국도 이와 비슷하다. 하지만 수입국은 중국이 절대적인 양을 차지한다. 중국이 수입을 많이 하는 이유 중 하나는 돼지 사료로 사용하기 위해서다. 중국이 세계 최대 돼지고기 생산국이기도 하기 때문이다.

위 주요 생산국 중 브라질, 미국, 아르헨티나 콩의 95% 이상이 유전자 조작 콩(GMO) 품종이다. 반대로 가장 많은 양을 수입하고 있는 중국의 경우, 직접 재배하는 콩은 재래 콩이다. 재배 때 유전자 조작 콩을 사용하지 않고 있다는 특징이 있다.

한국의 경우에는 대부분 재래 콩을 재배하고 있으며, 식품용 콩으로 2023년 기준 약 34만 톤을 사용하고 있다. 부족한 부분은 수입에 의존하고 있다. 2027년까지 국내산 재래 콩의 사용 비중을 43.5%까지 끌어올린다는 계획이다.

콩 생산·수출·수입국 순위

콩 최대 생산국	콩 수출국	콩 수입국
브라질 (1억5300만 톤)	브라질 (475억 달러)	중국 (541억 달러)
미국 (1억1300만 톤)	미국 (346억 달러)	멕시코 (40억 달러)
아르헨티나 (4810만 톤)	아르헨티나 (35억 달러)	일본 (23억 달러)

전 세계 80~90% 차지하는 '유전자 조작 콩'

일부 연구자들과 소비자 단체들은 GMO 작물이 인체 건강에 미칠 수 있는 장기적인 영향에 대해 충분히 연구되지 않았다는 점을 지적한다. 특히 GMO 작물에 사용되는 제초제(예: 글리포세이트)가 인체에 해로울 수 있다는 우려가 있다.

GMO 콩이 농업에서의 제초제 사용을 줄이는 데 도움이 된다는 일부 주장에도 불구하고, 시간이 지나면서 잡초들이 제초제에 내성을 가지게 되어 슈퍼 잡초가 출현하는 문제도 보고됐다. 더 강력한 제초제 사용을 유발해 오히려 환경 오염을 증가시킬 수 있다는 우려까지 있다.

유전자 변형 작물의 대규모 재배로 인해 특정 작물 품종에만 의존하게 되면서 생물 다양성이 감소할 수 있는데, 이는 농업 생태계의 균형을 위협할 수 있는 문제이기도 하다. 뿐만 아니라 GMO 종자 기술은 대형 농업 기업에 의해 특허로 보호되며, 소규모 농가들이 종자를 자유롭게 저장하거나 재배하는 것을 어렵게 만든다. 소규모 농가들이 대형 기업에 경제적으로 종속되는 상황이 발생할 수 있다는 비판도 제기되고 있다.

하지만 단점만 있는 것은 아니다. GMO 콩은 주로 제초제 내성과 해충 저항성을 가지도록 설계됐고, 농부들은 작물 손실을 줄이는 동시에 제초제 사용을 최적화하며 농업 생산성을 크게 향상시킬 수 있다. 예를 들어 '라운드업 레디(Roundup Ready)'라는 제초제에 내성이 있는 콩은 잡초와 경쟁하지 않기 때문에 수확량이 높아진다. 또 GMO 작물은 농약 사용을 줄이고 경작지 면적을 감소시켜 산림 파괴를 줄이는 데 이바지할 수 있다는 주장도 있다. 농업 생산성을 향상하면서도 환경적 압박을 완화할 수 있다는 이론이다.

유전자 조작 콩은 1996년 처음으로 상업적인 재배가 시작됐다. 미국의 다국적 식량 기업 '몬산토(Monsanto)'社가 개발한 품종이다. 24년이 지난 2020년에 이르러선 전 세계 콩 생산량의 약 80~90%를 차지하고 있다. 물론 이와 관련된 논쟁은 많지만, 국내에서 건강 기능식품으로 인정받기 위한 유예기간을 6년이라고 본다면 우리는 이미 24년 이상 직간접적으로 GMO 콩을 섭취하고 있다. GMO 변형 콩이 들어간 식품을 구매하지 않는다고 해도 GMO 콩을 먹고 자란 소, 돼지, 닭 등엔 별도의 표기 의무 사항이 없기에 약 20년 이상 GMO 콩을 먹고 있다고 볼 수 있다. 건강상 문제를 이야기하기엔 너무나 많은 유전자 조작 콩을 먹고 있는 게 현실이다.

영원한 식량 자원이자 에너지원

인류의 태동과 함께 자라고 있었을지 모를 콩은 과거 수천 년 동안 한국을 비롯한 아시아에서 식량 자원으로 고기를 대체할 수 있는 단백질 공급원이었다. 식재료로 쓰이는 것뿐만 아니라 토양에 질소 함량을 증가시켜 다른 작물의 생산성 높이는 역할도 해왔다. 또 고대 중국에서는 콩을 약용으로도 사용했으니 다양하게 쓰임을 다해 왔다.

미래에도 콩의 역할은 상당할 것으로 보인다. 기후 변화에 따른 대응 작물의 대표로, 식량 자원의 문제를 해결하는 데 이바지할 것으로 믿고 있다. 인구 증가에 따른 육류 소비 증가, 그로 인한 자원 고갈을 내체할 수 있는 대체 단백질 원료로도 사용될 것이다. 또 콩을 활용한 바이오 의약품 생산 기술이 발전하면 재조합 기술, 항체 및 백신 생산, 식품 기반 의약품 성분, 바이오리액터(Plant Bioreactor) 등을 통해 보다 효과적인 의약품 개발이 이뤄지는데 주요한 원재료가 될 것이다.

물론, 현재 먹고 있는 식품으로써의 기능도 꾸준히 하게 될 것이다. 콩은 우리 식단 3대 장인 간장·된장·고추장의 주원료로, 우리 민족의 건강과 맛을 지켜온 대표적인 식재료이기도 하니까.

세계 최초의 만능 소스
된장

콩은 인류 역사 수천 년 동안 고기를 대체하는 단백질 공급원 중 하나였다. 고대 중국에서는 약용으로도 사용했고, 두유·두부·된장·간장·콩기름 등 다양한 식품으로 가공되며 현대인들의 식단에서도 중요한 역할을 하고 있다. 그중에서도 가장 먼저 만들어지는 된장은 세계 최초의 만능 소스라 불릴 만큼 세계적으로 그 가치를 인정받는 소스다.

1~2세기의 고구려에서
중국·일본으로 전파

    콩으로 만들어진 장은 된장, 간장, 고추장이 대표적이며, 만들어진 순서도 된장 → 산장 → 고추장 순이다. 이 가운데 가장 먼저 만들어진 된장의 정확한 발생 연도를 측정할 순 없지만, 고구려 시대 안악 3호분(서기 357년) 벽화의 우물 한편에 옹기들이 놓여 있는 걸 봐서는 이것이 바로 된장과 같은 발효식품을 넣는 데 사용되지 않았을까 하는 추정을 하게 된다.

    그리고 하나의 원재료가 소스나 음식의 형태로 만들어지기 위해서는 대략 100년 정도의 시간이 필요한데, 이를 기반으로 역추산했을 때 된장은 이미 1~2세기에 만들어졌을 것이라 예상할 수 있다.

    이를 뒷받침하는 문헌의 하나로, 중국 서진 시대의 학자이자 정치가인 장화(張華, 232~300년)가 저술한 《박물지(博物志)》엔 "메주는 시라 불리었고, 이 시는 외국에서 왔다"라고 기록돼있다. 또 701년 일본 아스카 시대에 제정된 '다이호 율령'에도 '말장'이라는 단어가 나오는데, 이 단어를 고구려 발음으로 읽으면 '미소'가 된다고 한다.

즉, 콩은 한국과 중국 만주 지역에서 널리 자생했으나 정작 콩을 사용해 발효식품 된장을 만들 수 있었던 건 1~2세기의 고구려. 그리고 고구려의 된장 만드는 기술은 중국과 일본으로까지 널리 전파되었다는 걸 알 수가 있다.

된장이 오덕(五德)이라 불리는 이유

한경대학교 산업대학원 이경원의 논문을 인용하자면 된장은 예로부터 '오덕(五德)'이라 했다. 언제부터 '오덕'이라 불리기 시작했는지 정확한 문헌 기록은 없지만 선조들이 된장을 쓰던 그때부터 된장은 만능 소스였다. 어찌 보면 세계 최초의 만능 소스가 된장이었을지 모를 일이다.

단심(丹心) 다른 맛과 섞여도 제맛을 낸다.
항심(恒心) 오랫동안 상하지 않는다.
불심(佛心) 비리고 기름진 냄새를 제거한다.
선심(善心) 매운맛을 부드럽게 한다.
화심(和心) 어떤 음식과도 소화를 이룬다.

된장은 어떤 식재료를 사용하든 본연의 맛을 내며 장기 보관까지 가능하기에 냉장고가 없던 시절에도 소스 역할을 해냈다. 또 산짐승과 민물고기, 바닷고기 등의 비리고 기름진 냄새를 없애는데 우수한 효과를 냈고 고추의 매운맛까지도 부드럽게 만들 수 있었다. 뿐만 아니라 된장은 어떤 음식과 함께 먹어도 영양소의 흡수나 소화를 방해하지 않았다. 참으로 신통한 소스가 아닐 수 없다. 영양학적인 요소를 제외하고라도 '오덕'은 된장보다 더 된장을 잘 표현한 단어가 아닐까.

고려시대와 조선시대 '된장의 기록'

고려시대에서도 된장의 기록을 찾아볼 수 있다. 《삼국사기》에선 왕이 왕비를 맞이하기 위한 품목으로 장이 포함돼있었고, 고려시대의 식생활 대부분에서도 된장은 중요한 위치를 차지하고 있었다. 또 고려시대 문인 이규보(1168~1241)의 《동국이상국집》엔 "여름철에는 장이, 겨울철에는 김치가 있어야 한다"라는 내용과 함께 "문종 6년, 굶주린 백성에게 메주를 쌀과 같이 내렸다"는 기록도 적혀 있다. 뿐만 아니라 8~9세기경에는 한국에서 일본으로 장이 건너갔다는 기록이 많으며, 옛날 중국 자료에서는 한국의 된장 냄새를 '고려취(高麗臭)'라 칭하기도 했다.

조선시대의 기록에도 된장은 끊임없이 등장한다. 흉년 및 기근에 대비하기 위해 1554년 편찬된 조선시대의 농업·구황 식물 지침서 《구황보유방》에는 콩과 밀로 메주 담는 방법이 자세히 기록돼있는데, 이때의 메주는 현재와 매우 다르며 1766년의 《증보산림경제》에 기록된 된장 제조법이 지금의 근간이 되고 있다.

이처럼 1세기부터 이어져 내려오고 있는 된장은 만능 소스의 역할을 할 뿐만 아니라 식량이 부족할 땐 단백질원으로, 반찬이 부족할 땐 반찬 대용으로 다양하게 사용되며 오늘에 이르고 있다. 그만큼 다재다능한 소스가 아닐 수 없다.

지역과 계절에 따라 다양한 종류의 된장들

된장은 지역과 계절에 따라 다양하게 만들어져 왔다. 일제강점기엔 여러 시련을 겪어야 했지만, 공장형 된장이 만들어지기 시작하며 발효 시간은 줄어들고 생산량은 늘어났다. 이때 사용한 것이 바로 일본의 발효제 koji(Aspergillus Oryzae) 균이다.

현재 대부분의 된장 공장은 발효를 촉진하는 미생물 균주인 '종국'을 koji 대신 사용하고 있지만, 제조 방법은 아직도 일제강점기 때의 공장을 기준으로 하고 있다. 이처럼 된장은 소품종 대량 생산을 통해 짧은 시간 많은 제품을 만들어 내는 방향으로 변화해왔다.

반면, 가정에서 된장을 만드는 방법은 각 지역마다 수천 가지 이상의 방법으로 전해지고 있다. 아래 표에서 보는 것처럼 일제강점기를 거쳐도 된장은 각 지역과 계절에 맞게 계승·발전되어 왔다는 것을 알 수 있다.

물론 핵가족화되어가는 가족 구조, 아파트형 생활이 주를 이루게 된 오늘에는 대부분 공장형 된장을 구매해 먹기 때문에 된장의 종류 또한 한정적일 수밖에 없다. 그러나 온라인 판매 및 구매가 원활히 이뤄지고 있는 시대이기에 각 지역의 된장들도 이커머스를 통해 충분히 국내외에 알려질 수 있다. 다양한 특징의 된장들을 널리 알리기 위한 준비, 꼭 필요한 시기다.

아미노산·유기산·비타민·항산화 물질 증가

된장을 만들기 위해선 첫 번째로 메주 만들기 과정이 필요하다. 콩을 삶아서 으깬 후 반죽을 한 뒤 실온에 건조해 고초균과 같은 자연 미생물이 발효를 일으키도록 천장에 매단다. 이때 약 한 달을 말리는데 발효 과정에서 곰팡이와 효모가 콩의 단백질을 분해한다.

두 번째는 염장 발효다. 건조된 메주를 소금물에 담가 발효를 진행한다. 이때 소금물 속에서 바실러스 균이 발효를 촉진해 아미노산과 단백질 분해물이 생성된다. 이때 된장의 맛과 향이 결정된다. 마

된장의 분류와 특징

분 류	특 징
막된장	간장을 빼고 난 부산물
토장	막된장과 메주 및 염수를 혼합 숙성했거나 메주만으로 담은 된장. 상온에서 장기 숙성시킨다.
막장	메주를 토장과 같이 담되, 수분을 많이 첨가해 따뜻한 곳에서 숙성시킨다. 일종의 숙된장으로 남부지역에서 주로 만든다.
담북장	청국장 가공품이다. 볶은 콩으로 메주를 쑤어 고춧가루, 마늘, 소금 등을 넣어 익힌다.
즙장	막장과 비슷하게 담되 수분이 줄줄 흐를 정도다. 채소 잎을 넣어 숙성시키는 것으로 경상도, 충청도에서 많이 담그며 두엄 속에서 삭힌다.
생황장	콩과 누룩을 섞어 담는다.
청태장	마르지 않은 생콩을 시루에 쪄낸 후 콩잎을 덮어 뜨거운 장소에서 띄운다. 햇고추로 간을 한다.
팥장	팥을 삶아 뭉쳐 콩에 섞어 담는다.
집장	여름에 먹는 장으로 농촌에서 퇴비를 만드는 7월에 장을 만들어 두엄 속에 넣어 두었다가 먹는 장이다.
두부장	사찰음식의 하나로 '뚜부장'이라고도 하며 물기를 뺀 두부를 으깨어 간을 세게 한다. 항아리 안에 넣었다가 참깨, 고춧가루로 양념하여 베 자루에 담아 다시 묻은 후 한 달 후에 꺼내어 먹는다.
생치장	꿩으로 만든 장으로 살코기를 다지고 찧은 후 체로 밭친다. 이때 초피가루, 생강 즙, 장물로 맞춘 후 볶아서 만든다.
지례장	일명 '지름장'이라고 한다. 메주를 빻은 후 김칫 국물을 넣어 익히면 맛이 좋다. '우선 지례 먹는 장'이라 하여 지례장이다.
비지장	두유를 짜고 남은 콩비로 담근 장이다.

자료 : 한경대학교 산업대학원 가정학과 이정원 논문 발췌

지막으로, 가르기를 통해서 된장과 간장을 분리한 후 된장은 옹기에 넣어 장기간 숙성해 먹는다. 숙성 기간이 길면 아미노산, 유기산, 비타민, 항산화 물질 등의 함량이 증가해 깊고 진한 맛을 낸다.

콩에서 된장으로 거듭나면서 단백질이 분해되기에 콩일 때보다 단백질 소화율이 80% 이상 높아지며 체내 흡수가 더 쉬워진다. 또 비타민과 항산화 성분 증가, 식이섬유와 소화 효소 활성화가 높아져 영양 성분의 생체 이용률(Bio Availability)도 좋아지게 된다. 프로바이오틱스가 생성돼 장 건강 및 면역력을 강화하고, 유기산이 생성되어 소화를 도우며 위장 건강에도 긍정적인 영향을 미친다.

모든 맥락을 살펴봤을 때, 된장을 만들기 시작한 이유 중 하나는 아마도 장기 보관이었을 것이다. 일정한 온도를 맞출 수 없었던 선조들은 지천으로 널린 콩을 장기 보관해 겨울철에도 먹을 수 있는 수많은 방법을 연구했을 것이고, 그중에서 가장 알맞은 된장을 발명해 낸 것이다. 이처럼 된장은 식량 자원으로써의 역할과 동시에 단백질까지 쉽고 빠르게 섭취할 수 있는 영양소이기도 했다. 혹자들이 말하는 "외세의 침략을 막은 이유 중 하나는 콩을 통한 단백질 섭취로 인해 지략에 능하고 골격이 좋았기 때문이다"라는 말이 허튼 말 아닐지도 모른다는 생각이 들 정도로, 선조들의 콩 활용법은 신의 한 수가 아닐 수 없다.

된장에서 나오는 액체가
간장이라고?

간장은 다른 어느 장류보다 쓰임이 다양하고 필수적이다. 그 시작은 된장에서 파생된 식재료였으나 쓰임이 다양하기에 된장보다 앞서 최초로 상품화가 됐으며, 간장의 역사는 2000년 전까지 거슬러 올라갈 만큼 맛과 향도 깊고 진하다. 숙성 기간과 용도에 따라 종류도 각양각색인 간장, 그 매력과 특징을 살펴본다.

장류 최초의 상품화, 간장

된장의 시작은 한국이지만 간장의 시작은 중국이다. 간장은 약 2000년 전, 콩을 발효해 만든 고체 형태의 발효 장류인 '장(醬)'에서 유래했다. 이후 중국 한나라(기원전 206년~서기 220년)에서 장의 액체 형태가 개발됐고, 이것이 현대 간장의 시초로 여겨진다.

고구려에서도 된장을 숙성했을 때 나오는 액체를 조미료로 사용했다. 하지만 간장이라는 개념을 규정해 사용하진 않았고 그저 된장의 일부였을 뿐이다. 고려시대에 이르러서는 된장과 함께 간장이 중요한 식료품으로 기록돼 있으며, 조선시대에 들어서면서 간장 제조법은 더욱 발전하고 체계화되기 시작했다. 1554년에 발행된 《구황촬요》, 1613년의 《동의보감》에는 간장 조리법과 효능 등이 기록돼 있고 1766년 발행된 《증보산림경제》엔 간장의 저장 및 발효 방법이 상세히 설명돼 있다.

상위 10개 업체가 90%를 차지하는 시장

옛날 간장은 전통 식품으로써 각 가정에서 직접 만들어 소비됐다. 그러다 1890년 인천에 소규모 공장을 설립하며 장류 중 제일 먼저 상품화가 이뤄졌고, 해방 이후엔 일본식 타입의 장류 산업이 활성화돼 현재에 이르고 있다. 아무래도 다른 장류에 비해서 쓰임이 다양하고 꼭 필요한 소스였기 때문으로 보인다.

특히 1920년대 중반엔 마산지역에서 생산하는 간장이 국내 전체 생산의 22%를 차지할 정도였는데, 이처럼 마산이 간장으로 특화된 이유는 바닷바람 부는 온화한 기후여서 발효 식품 제조에 적합한 환경이었기 때문이다. 또 간장을 중심으로 한 장류 산업은 일제강점기 때부터 시작해 시간이 갈수록 점점 더 발전했다. 샘표 역시도 1946년 마산에서 설립됐다.

본격적인 성장기는 1960년에 맞이한다. 1990년이 되면서는 식품위생법, 식품 규격 기준 등의 제도적 기반이 만들어지며 양질의 성장을 하기 시작했고, 2001년 12월엔 장류 고유 업종 완전 해제를 통해 장류 산업에 대기업이 들어오게 된다. 이때부터 대기업과의 OEM 방식이 활기를 띠었으며, 현재는 상위 10개 업체가 전체의 90%를 차지하는 시장이 됐다.

간장은 전통 식품의 특성을 가지고 있기에 각 가정만의 맛과 비법이 있을 수 있다. 그러나 지금의 생활 방식에선 공장형 간장의 선택이 가장 합리적이다. 다만 시장의 균등한 경쟁을 간과한 정책으로

인해 대기업이 독식하는 시장 환경이 되어버렸고, 다양한 간장의 맛을 볼 수 있는 기회까지 잃게 됐다고 할 수 있다.

조선간장과 왜간장을 구분하는 결정적 차이

'왜간장'이라는 용어는 일제강점기, 공장형 간장이 생산되면서 사용하기 시작했다. 기존 조선간장과의 구별이 필요했기 때문인데, 둘 다 국내 공장에서 생산됐기에 명확한 구분을 하진 않은 것으로 보인다. 이후 1970~1980년대쯤 일본에서 간장이 수입되기 시작하면서 왜간장이라는 용어 또한 본격적으로 사용하기 시작했다.

조선간장과 왜간장은 한국 간장과 일본간장으로 구분할 수도 있지만 만드는 방법 또한 다르다. 흔히 양조간장을 조선간장이라고 말하며, 산분해간장·효소분해간장·혼합간장과 같이 메주를 사용하지 않는 간장은 일반적으로 왜간장이라고 부른다. 즉, 국내에서 만들었어도 제조 방식에 따라 왜간장이라고 칭하기도 하는 것이다.

왜간장이 조선간장과 또 하나 다른 점은 콩과 밀을 함께 사용한다는 점. 콩에 밀을 섞어 만들면 부드럽고 달콤한 맛이 나기 때문에 짠맛 강한 조선간장에 비해 고급스럽다고 느껴지기도 한다. 일제강점기 이후 한국의 공장형 간장도 밀을 섞어 만들었고, 일본에서 배운 방식 그대로를 적용해 만들기도 했기에 '일본간장이 더 맛있나'

는 말은 추가적인 조미 과정이 더해졌을 수도 있다는 걸 상기할 필요가 있다. 이처럼 조선간장과 왜간장의 차이에는 일제강점기를 겪은 역사적 배경이 존재하고 있다.

다양한 맛과 향의 간장으로 선택 폭 넓혀야

조선간장과 왜간장의 구분 외에 간장은 크게 전통식 간장, 양조간장, 산분해간장, 효소분해간장, 혼합간장으로 나눌 수 있다. 우선 전통식 간장과 공장형 간장의 가장 큰 차이는 자연 미생물이 숙성하느냐, 누룩곰팡이를 투입해 만드느냐에 따라 종류가 나눠진다.

전통식 간장은 시간이 오래 걸리고 인력을 많이 필요로 하며, 결과물의 맛이 일정하지 않다는 단점이 있다. 만드는 과정은 된장과 똑같고, 장 가르기를 하고 난 후 약불에 천천히 2시간 정도 끓이는 '장 달임'을 하게 된다. 그다음엔 보관 장소와 방법, 기간에 따라 간장의 맛이 달라지게 된다. '장맛이 변하면 집안이 망한다'라는 말과 같이 옛날부터 간장의 보관에는 꽤 많은 신경을 써왔다는 걸 알 수 있다. 그러나 이제는 핵가족화와 주거문화의 변화로 인해 전통식 간장 만드는 일은 점점 줄어들고 있다.

산분해간장의 경우엔 콩 단백질을 산(주로 염산)으로 빠르게 가스 분해하는 방식으로 제조된다. 이때 '클로로 프로판올(3-MCPD)'

공장형 간장의 종류

종류	제조 방법	발효 시간	특징	주 용도
양조간장	자연 발효	6개월~1년 이상	깊고 풍부한 맛	다양한 요리
산분해간장	화학적 가수분해	몇 시간~며칠	강한 짠맛과 인공적인 감칠맛	가공식품의 조미료
효소분해간장	효소를 이용한 분해	몇 주~몇 달	자연스러운 맛, 풍미 부족	양조간장의 대체품
혼합간장	양조+산분해 혼합	양조 발효 + 산분해	양조의 깊은 맛과 산분해의 감칠맛	다양한 요리

이라는 유해 물질이 생성될 수 있어서 이점이 간혹 논쟁거리가 되곤 한다. 고온의 산분해 방식은 화학 반응을 통해 단백질을 분해하기에 영양소도 상당 부분 파괴되고 만다. 간장을 빠른 시간 안에 쉽게 만들 수 있지만 자연 발효에서 생기는 풍미 또한 부족한 것이 사실이다. 즉, 공장형 간장인 산분해간장으로 많은 경제적 이득을 얻기는 하지만, 아직까지도 소비자들의 대부분은 상품 유형별 특징을 쉽게 알아보고 구분하기가 쉽지 않다.

위 4가지 간장은 공장형 간장이다. 메주를 사용해서 만드는 것이 양조간장이고 나머지는 메주를 사용하지 않는다. 물론 혼합간장은 양조와 산분해를 혼합하기 때문에 메주를 사용한 양조간장과 산분해간장이 섞여 있다.

    외식업 현장에서 가장 많이 팔리는 간장도 혼합간장이다. 혼합간장이라고 상품명을 쓰지는 않지만, 성분표를 보면 양조간장 일부와 산분해간장 일부를 섞어 만들었음을 알 수 있다. 이렇게 식품 유형을 알면 쉽게 구분할 수가 있다.

    된장과 마찬가지로 간장 역시도 시간이 흘러 대기업 공장을 통한 소품종 대량생산으로 저렴한 가격에 구매할 수 있게 됐다. 그러나 이와 같은 반작용으로 인해 소비자의 선택 폭이 줄어드는 한계도 생겼다. 집집마다 간장의 맛이 다르던 과거로 돌아갈 수는 없지만, 아직도 각 지역엔 그곳을 대표하는 간장들이 있다. 소비자들이 조금 더 다양한 맛과 향의 간장을 선택하고 맛볼 수 있도록 전통식 간장의 지속 발전에도 여럿의 지혜를 모아야 할 시점이다.

Sauce diary

20세기를 이어온 한국의 소스 셋
된장, 간장, 고추장

1세기 된장, 3세기 간장, 18세기 고추장은 한국을 대표하는 소스다. 콩의 원산지인 한반도의 지리적 특성으로 만들어진 된장은 간장을 파생시켰고, 이후 고추가 유입되면서 고추장이라는 독특한 장이 만들어지게 됐다.
같은 콩의 원산지인 중국은 두반장과 함께 굴을 발효시킨 굴 소스가 대표적이고, 일본은 고추냉이, 태국은 남쁠라(피쉬소스), 이탈리아는 마리나라 소스, 미국은 바비큐 소스, 프랑스는 베샤멜 소스, 멕시코는 살사, 인도는 마살라, 그리고 베트남엔 느억맘 소스가 있다. 이처럼 각 나라를 대표하는 소스는 주변의 원재료와 주식, 기후, 환경의 영향에 따라서 만들어졌고 계승 및 발전을 이어왔다. 그렇게 각 지역에서 영양분을 공급하거나 주식을 먹는데 맛을 더하는 역할을 해왔다. 우리의 된장, 간장, 고추장이 그랬던 것처럼 말이다.
20세기를 이어온 한국의 소스 3종은 이제 다양한 모습으로 전 세계를 호령

하고 있다. 특히 고추장은 '불닭 소스'라는 이름의 형태로 변형돼 미국, 중국, 동남아 등 전 세계 40여 개국에 수출되고 있다. 불닭 소스의 제조 방식이 전통적인 고추장 만드는 방식은 아니지만 매운맛을 대표하는 고추장의 대체품으로 주목받고 있다.

한국의 장은 고소한 맛, 감칠맛, 매운맛을 모두 대표하고 있는데 전통적인 제조 방식에는 항상 메주가 들어갔고 그 메주 안에는 열에 강한 바실러스(Bacillus)균이 들어 있어서 과식과의 전쟁을 겪고 있는 현대인들에게 확실한 도움을 줄 수 있는 소스들이다.

바실러스 균이 살아있는 소스를 전통 장에 기반하여 만든다면 제2의 불닭 소스가 충분히 나올 수 있다고 믿는다. 한국의 전통 장은 맛뿐만 아니라 영양에서도 분명한 우위를 갖는 소스이기 때문이다. 20세기를 이어갈 분명한 이유가 존재하고 있고, 지금도 사랑받는 대표적인 소스들이다.

Sauce diary

한국의 전통 장에 옹기를 쓰는 이유는?

한국 전통 장에 옹기를 사용하는 이유는 옹기의 특성이 발효 과정에 큰 도움을 주기 때문이다. 옹기가 일정한 온도로 고온에 구워지면서 점토와 섞여 있는 모래들에 의해 미세한 기공이 생기게 된다. 발효 과정에서 공기의 흐름이 이뤄진다는 뜻이다.

옹기와 항아리는 얼핏 비슷한 모양을 하고 있으나 옹기는 고온에 굽고 통기성을 확보하기 위해 표면에 천연 유약을 바르는 특징을 갖고 있다. 이처럼 통기성이 확보되어야만 옹기라고 할 수 있다. 통기성에 의해 유산균과 같은 유익한 미생물이 활성화되고 발효도 안정적으로 진행된다. 또 내부 습도를 적절하게 유지해 장이 지나치게 마르거나 습해지는 것을 방지한다. 외부 기온 변화에도 강해 여름엔 온도를 낮추고 겨울엔 따뜻하게 유지해 준다. 뿐만 아니라 통기성은 내부의 냄새나 가스가 빠져나가고 난 후에 신선한 공기를 유입해 장의 품질을 더 좋게 만든다.

옹기는 흙에 포함된 미네랄 성분 덕분에 자연적으로 항균성을 띠며, 유해균의 증식을 막아 장의 발효 품질까지 보호하는 역할을 한다. 장을 담을 때 옹기를 사용하고 물, 막걸리, 곡주 등을 저장할 때 항아리를 사용했던 선조들의 지혜가 느껴지는 대목이다.

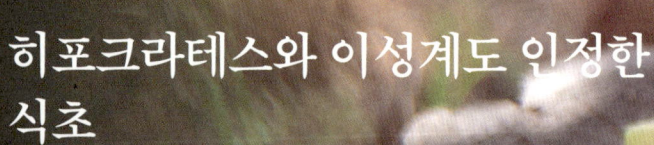

히포크라테스와 이성계도 인정한 식초

식초의 역사는 독특하다. 고대에는 맛 좋은 술로 시작해 몸에 좋은 약재를 거쳐 현재는 음식에 빠질 수 없는 조미료의 역할을 충실히 해내고 있다. 각양각색의 과일, 곡물, 허브 등을 재료로 해 만들어지는 다양한 발효식초의 매력.

음식의 맛과
건강까지 잡은 신맛

식초는 고대부터 사용되어 온 가장 오래된 조미료다. 메소포타미아, 이집트, 중국 등 다양한 고대 문명에서 양조와 발효 과정을 통해 식초를 만들었으며, 이 재료는 조미료뿐만 아니라 약재로도 사용됐다. 고대 이집트인들은 식초를 방부제로 사용했고, 그리스의 히포크라테스에서는 상처 치료의 용도로 사용했다고 한다.

과거 중국에서는 식초를 '고주(苦酒)' 즉, 맛이 독한 술이라 불렀고 영어로는 '비니거(vinegar)'라고 불렀다. 또 영어의 '비니거(vinegar)'는 프랑스어에서 술을 뜻하는 '뱅(vin)'과 신맛을 의미하는 '에그르(aigre)'의 합성인 '비네그르(vinaigre)'를 그 어원으로 하고 있다. 이러한 사실로 볼 때 식초는 술에 의해서 만들어졌고, 술을 통해 신맛을 느끼기 시작했다는 추론이 가능하다.

고려시대인 1236년 문헌 《향약구급방》에도 식초와 유사한 물질에 관한 기록이 있다. 문헌은 주로 약재와 관련된 내용을 담고 있어 식초가 약으로 사용됐음을 추정케 하는데, 당시에 식초는 곡물이나 과일을 사용해 만들었을 것으로 보인다. 또 조선 후기의 책《동의보감》에는 "초(醋)"라는 이름으로 등장하며 주요 효능으로는 해독, 소화 촉진, 혈액 순환 개선, 피부병이나 상처의 소독과 치료 등에 효과가 있다고 소개된다.

조선을 건국한 태조 이성계와 감식초에 얽힌 이야기도 있다. 어느 날 사냥 중에 이성계와 병사들이 더위와 피로로 지쳐갈 때 한 노인이 감식초가 든 약수를 건넸고, 이 물을 마신 이성계와 병사들은 금세 기운을 되찾았다고 한다. 이성계는 감식초를 장수와 건강의 비결로 여겼고, 감식초를 주변 사람들에게도 널리 권했다고 전해진다. 다양한 효능이 입증된 식초는 발효 기술이 발전하면서 음식에 신맛을 더해주는 일반적인 조미료로도 사용되기 시작했다.

산소가 없는 환경에서 과일이 술로 변하는 과정

과일이 술이 되기 위해서는 발효를 통해 당분이 알코올로 변화하는 과정이 필요하다. 과일에는 포도당(글루코스, $C_6H_{12}O_6$), 과당 등 여러 가지 당분이 들어 있는데 과육을 으깨거나 즙을 내고, 여기에 효모(yeast)를 첨가하면 효모가 당분을 분해해 에탄올(알코올)과 이산화탄소를 만들어 내게 된다. 효모는 산소가 없는 혐기성 환경에서 알코올을 생성하는데, 이 과정을 '알코올 발효'라고 부른다. 과일이 술로 변하는 건 이러한 과정을 거치게 된다. 당이 알코올이 되는 화학식은 아래와 같다.

$$C_6H_{12}O_6 \text{ (당)} \rightarrow 2C_2H_5OH \text{ (알코올)} + 2CO_2 \text{ (이산화탄소)}$$

술은 발효 과정에서 특유의 맛과 당분이 알코올로 변함에 따라 산미와 신맛이 나타나며, 도수가 높아지면 청량감과 함께 알코올 특유의 따뜻한 느낌이 생기게 된다. 이런 자극은 뇌리에 오래도록 남아 또 먹고 싶은 충동을 느끼게 한다. 이와 동시에 신맛은 '즐겁다'는 자각을 하게 만들어준다. 주로 채집을 해왔던 선조들은 과일의 신맛과 술의 신맛이 나쁘지 않다는 것을 자연스럽게 알게 됐을 것이다.

산소의 존재 여부, 술이 되거나 식초가 되거나

술의 발효를 통제할 수 없던 시절, 알코올은 초산균에 의해 산화가 됐다. 이 과정에서는 산소(O_2)가 필요한데, 호기성 균인 초산균이 알코올을 산화시켜 초산(CH_3COOH)과 물(H_2O)을 만들게 된다.

화학식은 아래와 같으며 이를 '초산 발효'라고 한다.

$$C_2H_5OH \text{ (에탄올)} + O_2 \text{ (산소)} \rightarrow CH_3COOH \text{ (초산)} + H_2O \text{ (물)}$$

에탄올이 초산으로 변하면서는 술 특유의 쓴맛이 사라지고, 대신 강한 신맛과 시큼한 향이 나게 된다. 당연히 초산이 많이 형성될수록 신맛은 강해진다.

신맛은 술에서도 나지만 많은 과일에서도 신맛을 느낄 수 있다. 과일에는 '당'과 '산'이 동시에 들어있기 때문이다. 자연 발효를 통해서 과일은 술도 식초도 될 수 있다. 코코넛처럼 산소를 접할 수 없는 과일은 알코올화 과정을 통해 술이 되고, 부패하지 않는 환경에 있던 사과 같은 과일들은 산소를 만나 알코올 과정을 거쳐 식초가 됐을 것이다.

과일이 때로는 술이 되고 식초가 되며, 이렇게 먹고 마신 기억들이 누적되면서 지금 우리가 먹는 '식초의 식탁'이 만들어지게 됐다.

각 지역·문화에 따라 다른 매력 가진 9가지 식초들

식초는 과일, 곡물, 허브 등 다양한 작물의 활용으로 각 지역과 문화에 따라서도 여러 용도로 사용됐다. 대표적인 식초 9가지의 특징과 용도는 아래와 같다.

위 식초들은 발효식초의 대표 격으로, 초산 발효를 통해 만들어지는 식초들이다. 만드는 방법에 따라서는 희석 초산과도 구별된다.

희석 초산은 빙초산에 정제수를 희석해 만드는 식초를 말한다. 신맛이 강한 특징이 있어 말 그대로 강한 신맛을 내고자 할 때 자주 사용한다. "이런 식초도 있어?"라고 반문할 수도 있다. 하지만 시중에 판매되는 식초의 식품 유형을 들여다봤을 때 희석 초산으로 표기됐거나 원재료로 빙초산이 들어가 있음이 확인된다면 그것이 바로 '희석 초산 식초'다.

초산 식초도 음식에 많이 쓰인다. 그 이유는 가격이 싸기 때문이다. 아무래도 소비자 선택의 최우선 조건은 가격이기에 초산 식초를 찾는 꾸준한 수요가 있다. 다만 건강을 생각한다면 발효 식초를 구매하는 것이 당연하다. 일반 가정에서는 발효식초를 사용할 것을 권장한다.

대표적인 식초 9가지의 특징

분류	특징
사과 식초 (Apple Cider Vinegar)	사과를 발효해 만든 식초로 새콤한 맛과 은은한 과일 향이 난다. 드레싱, 음료, 피클 및 건강식품으로 많이 사용된다.
발사믹 식초 (Balsamic Vinegar)	포도를 천천히 발효해 진하고 달콤한 맛이 난다. 드레싱, 육류 및 채소 요리에 쓰이며, 디저트에도 활용된다.
쌀 식초 (Rice Vinegar)	쌀을 발효해 만든 식초로 다른 식초에 비해 순하고 은은한 맛이 특징이다. 한국, 일본, 중국요리에 자주 사용되며 무침과 초밥 요리에 많이 쓰인다.
와인 식초 (Wine Vinegar)	적포도주나 백포도주를 발효시켜 만든 식초로 포도주의 풍미가 살아있다. 드레싱, 소스, 육류 요리에 주로 사용된다. 적포도주 식초와 백포도주 식초로 나뉜다.
곡물 식초 (Grain Vinegar)	쌀 이외의 곡물을 발효해 만든 식초로, 다양한 맛과 향을 띤다. 조미료로 주로 사용되며 일부 지역에서는 조리와 방부 용도로 쓰인다.
맥아 식초 (Malt Vinegar)	보리를 발효시켜 만든 식초로 깊고 진한 맛과 갈색을 띤다. 피시 앤 칩스와 같은 영국 요리에 자주 사용되며 피클 제조에도 쓰인다.
코코넛 식초 (Coconut Vinegar)	코코넛 열매나 수액을 발효해 만든 식초로 은은한 단맛과 독특한 풍미가 있다. 동남아시아 요리에 사용되며 건강식으로도 인기가 있다.
감 식초 (Persimmon Vinegar)	감을 발효해 만든 한국 전통 식초로 단맛과 신맛이 조화롭게 어우러진다. 한식 요리, 무침, 소스에 사용되며 건강음료로도 인기가 있다.
허브 식초 (Herb Vinegar)	다양한 허브를 담가 풍미를 더한 식초로 향긋한 허브 향이 난다. 드레싱, 소스, 마리네이드에 주로 쓰이며 허브와 식초의 건강 효능이 결합한 형태로 쓰인다.

현대인들의 생활습관병 치유할 수 있는 식품

식초와 건강이 연관된 이야기는 차고도 넘친다. 이유는 간단하다. 고대부터 약재로 다양하게 쓰였기 때문이다. 어디서나 쉽고 싸게 구할 수 있는 식초에 대해 지금도 만병통치약처럼 추앙하는 글이 적지 않다. 식초의 기본적인 효능만 나열해도 소화 촉진 및 위장 건강, 혈당 조절, 체중 감량, 심혈관 건강 개선, 항균 및 항바이러스 효과, 피부 및 미용 관리, 피로 회복, 면역력 강화, 해독작용 등 수많은 기대 효과가 있다. 현대인의 대표적인 병인 만성피로, 대사 증후군, 소화기 질환, 비만, 우울증, 고혈압과 심혈관 질환, 수면장애 등을 한꺼번에 치유할 수 있는 식품이 바로 식초인 것이다.

오늘에 이르기까지 식초는 약용으로 다양하게 사용됐다. 훗날 효과적인 약들이 등장하기 시작하면서 식초는 조미료의 역할에 더 충실하게 됐지만, 그렇다고 해서 그 효능이 상실된 것은 아니다. 덕분에 식초는 음식을 만들 때 맛과 건강을 함께 잡을 수 있는 조미식품의 자리를 확고히 하게 됐다.

식품공전(조미식품)에서 '식초'의 정의
식초라 함은 곡류, 과실류, 주류 등을 주원료로 하여 초산 발효하거나 이에 곡물 당화액, 과실 착즙액 등을 혼합하여 숙성하는 등의 공정을 거쳐 제조한 발효식초와 빙초산 또는 초산을 주원료로 하여 먹는 물로 희석하는 등의 방법으로 제조한 희석 초산을 말한다.

'식초'의 식품 유형
발효 식초, 희석 초산

전 세계인이 100년 넘게 먹고 있는 MSG

'미원', '다시다'로 대표되는 감칠맛은 오랜 세월 동안 논쟁거리가 되어왔다. 하지만 감칠맛이란 과거에 다시마·토마토·표고버섯·간장·된장 등을 조리할 때 자연스럽게 '글루탐산'이 만들어지며 먹어왔던 맛이다. 즉, MSG의 생성 과정과 자연 발효의 과정은 크게 다르지 않은 것이다. 감칠맛에 대한 오랜 논쟁은 이제 사라졌고, 단맛·짠맛·신맛·쓴맛·감칠맛의 5가지 중 가장 매력적인 맛으로 식탁을 차지하고 있다.

감칠맛을 배가시키는 '글루탐산'

　단맛·짠맛·신맛·쓴맛·감칠맛의 '5미' 중 가장 늦게 만들어진 맛의 개념이 '감칠맛'이다. 감칠맛은 글루탐산에서 느끼게 되는데 인공적으로 만들기 이전에는 다시마·토마토·표고버섯·간장·된장·고기류·해산물 등을 조리할 때 자연스럽게 만들어졌다. 특히 다시마와 표고는 생으로 사용하기보다는 말린 후 불려서 사용하는 번거로운 과정을 거친다. 건조 과정에서 다시마엔 '글루탐산'이 농축되고, 표고엔 '구아닐산'의 농도가 높아져 감칠맛을 배가시킨다. 또 '렌티난'이라는 향이 농축되어 말리지 않은 표고보다 더 깊은 향을 낸다.

　말린 다시마와 표고는 한국의 주요리인 국물 요리에 감칠맛을 내주는 원재료들이었다. 때문에 감칠맛을 내기 위해 말리고 씻어서 보관해야 하는 번거로움이 늘 이어져 왔다. 지금은 손쉽게 한 스푼 내지는 한 봉지를 뜯어 넣기만 하면 끝이 난다. 몇 시간을 끓이고 우려

내는 고생이 필요하지 않게 됐다.

근래에는 감칠맛을 화학적으로 만들었다고 생각하는 경우가 많은데 이미 존재해 왔던 맛이다. 일본의 화학자 '이케다 키쿠나에(池田菊苗)'가 육수를 낼 때마다 다시마 넣는 이유가 궁금해 성분을 분석한 결과, 감칠맛을 내는 건 글루탐산이라는 아미노산임을 밝혀내면서 감칠맛의 최초 조미료 '우마미'가 1908년 탄생하게 됐다.

1909년 최초의 상업화, 한국에선 '미원' 첫 생산

일본의 화학자 이케다 키쿠나에(池田菊苗)의 가족들은 미소 된장국을 자주 먹었는데 그의 딸이 말하길 "아빠는 된장국을 먹을 때마다 '이 맛은 도대체 무엇 때문일까?'라는 의문을 자주 되뇌었다"고 한다.

이케다는 도쿄 제국 대학에서 화학을 공부한 후 독일로 유학을 떠나 유기화학과 물리화학을 연구했고, 이후 교토 제국 대학 교수로 재직하며 활발한 연구 활동을 했다. 그러던 중 1908년, 미소 된장국 감칠맛의 이유를 찾게 되고 맛의 비밀을 과학적으로 규명하고자 했다. 오랜 연구 끝에 다시마에 다량 함유된 글루탐산이 감칠맛 낸다는 사실을 발견했으며, 이를 조미료로 활용할 수 있는 방법을 개발하여 '모노 소듐 글루타메이트(MSG)'를 만들었다.

이듬해인 1909년엔 '아지노모토'社를 설립해 MSG를 상업화하고, 감칠맛 조미료를 전 세계에 보급하는 데 중요한 역할을 했다. 일본 아지노모토의 MSG 개발로 우마미가 상품화됐던 시기는 일제 강점기였다. 시대적 배경 때문에라도 우마미는 한국에 쉽게 전파될 수 있었을 것이다. 하지만 대중이 사용하기보단 양반이나 고급 음식점에서 사용하며 음식의 감칠맛을 끌어올렸다. 우마미를 써봤던 고객들 사이에선 '비법의 가루'쯤으로 여겨졌을 것이다.

1955년엔 대상그룹의 창업자인 임대홍 회장이 글루탐산 제조법을 배우기 위해 일본으로 건너갔고, 조미료 제조공정을 습득한 후 부산으로 오게 된다. 그리고 1956년, 국내 자본과 독자 기술로 마법의 가루라 불리는 '미원'을 처음으로 생산하게 된다. 처음 미원을 판매한 곳은 약국이었다. 조미료에 대한 인식이 전혀 없었던 대중들에게 '약과 같이 좋은 조미료'라는 설명과 함께 판매를 하기 시작했고, 유일하게 판매되던 우마미를 뛰어넘어 국내 최초이자 최고의 조미료로 자리 잡게 된다.

웰빙의 반대말은 MSG?

감칠맛의 조미료는 모든 음식에 쓰이기 시작했다. 전혀 예상하지 못한 곳에도 미원은 쓰이기 시작했다. 그만큼 감칠맛은 절대적 미각 중 하나였다. 그러던 중 '많이 넣으면 넣을수록 좋다'고 생각했던 MSG가 한순간에 혐오식품으로 전락하게 된다.

1968년, 한 의사인 '로버트 호만 퀵(Robert Ho Man Kwok)'이 미국 의학협회저널(JAMA)에 기고한 편지에 따르면, 중국 음식을 먹은 후 두통·발열·메스꺼움 등의 증상을 경험했다고 보고했고 이 증상의 원인이 MSG라고 지목했다. 이후부터 음식점과 식품에는 'NO-MSG', 'MSG-FREE'라는 라벨링이 인기를 끌었고 언론에서는 앞다투어 부정적인 기사를 내기 시작했다. 대중들 또한 MSG를 꺼리기 시작했고, 몇몇 식당은 'MSG를 사용하지 않는다'라고 표기한 후 밤엔 몰래 MSG로 음식을 만들기도 했다. 딱히 대체품이 없었지만 대중의 부정적인 시선 또한 무시할 수는 없었다. 한국에서도 IMF가 지나 2002년 월드컵을 마치며 '웰빙'이라는 개념이 화두가 되기 시작했다. 이때 웰빙의 반대말이 마치 MSG인 것처럼, 너도 나도 웰빙을 외치며 '화학조미료를 사용하지 않아야 건강하다'는 인식이 확산됐다.

MSG의 안전성에 관한 연구는 지속해서 이루어졌으며 주요 국제 보건 기관들, 미국 식품의약청(FDA), 세계보건기구(WHO), 식품농입 기구(FAO) 등은 MSG가 일반적인 사용량 내에서는 안전하다고 결론지었다. 연구 결과에 따르면, 정상적인 식사량에서는 MSG가 인체에 영향을 미치지 않는다. 다만, 일부 사람들은 높은 농도의 MSG를 섭취했을 때 두통·발열 등의 증상을 느끼는 경우가 있어 이를 'MSG 민감성'이라 부르기 시작했다.

MSG에 대한 몇 가지 논란

국내의 경우엔 2014년 11월, 식품 포장이나 광고에 'MSG 무첨가' 등의 문구 사용을 금지하는 내용을 담은 '식품 등의 표시 기준' 일부 개정안을 행정 예고했다. 개정안은 2015년부터 시행되어 식품 제조업체들이 제품에 'MSG 무첨가'라는 표현을 사용할 수 없게 됐다.

이와 같은 해당 조치는 소비자들이 'MSG 무첨가'라는 문구를 보고 '제품에 화학조미료가 전혀 들어가지 않았다'고 오인할 수 있다는 우려에서 비롯됐다. 실제로 MSG를 첨가하지 않았더라도 다른 형태의 화학조미료가 포함될 수 있으므로 이러한 표현이 소비자에게 혼란을 줄 수 있다는 판단이었다. 주요 국제기구의 검증을 통해 안정성은 확인됐지만, 국내의 경우엔 'MSG 무첨가 표기 금지'가 오히려 MSG의 안정성을 확보한 것처럼 인식되면서 소비자들의 시선도 달라지기 시작했다.

MSG는 이미 100년 넘게 전 세계인이 섭취하고 있기에 이것 하나만으로도 안정성은 이미 확보됐다고 볼 수 있다. 건강한 식재료도 개인에 따라서 알레르기 반응이 있는 것처럼 MSG 역시 그렇다.

MSG 생성 과정, 자연 발효와 다르지 않아

　최초엔 MSG를 다시마에서 추출했지만, 더 많은 양을 추출하기 위해 주로 사탕수수·옥수수·타피오카 등의 당질 원료에 '코리네박테리움' 속의 미생물을 추가해 자연 발효를 유도한다. 이때 미생물은 당을 소화하면서 글루탐산을 생산하게 된다.

　이처럼 MSG를 만드는 과정은 자연 발효 과정과 같다. 전통 장 만드는 과정과도 별반 다르지 않다. 이후 정제 및 결정화 과정을 거치게 되는데, 자연 발효로 만들어진 글루탐산을 정제하고 나트륨 이온을 결합하는 과정이 추가된다. 그렇게 '모노 소듐 글루타메이트(MSG)'가 만들어진다.

　정제 및 결정화 과정에서 추가되는 화학적 재료는 수산화나트륨($NaOH$) 또는 탄산나트륨(Na_2CO_3), 물(H_2O) 이외에 소량의 불순물 제거제가 들어가는데 이 제품은 최종 제품에 남지 않도록 처리가 된다. 수산화나트륨($NaOH$)과 탄산나트륨(Na_2CO_3) 또한 인체에 유해할 수 있는 물질이지만 MSG 생성 과정에서는 불순물 제거제처럼 마지막에 남지 않도록 처리된다.

자연 발효로 추출한 글루탐산이 유통·보관·사용 편의를 위해 정제 및 결정화를 했다고 해서 인체에 해가 된다거나 이런 과정을 거치는 조미료에 '화학물질'이라는 단어를 붙여 유해하다고 판단하는 인식은 본질을 호도하는 게 아닌가란 개인적 생각이 든다.

건강기능식품을 만들기 위해선 기능성 원료로 인정받은 날로부터 6년이 지난 원료를 사용하게 되어 있는데 100년을 넘게 수많은 대중이 먹고 있는 MSG의 위험성을 논하는 건 이성적인 판단이 아니란 확신이 든다.

미원과 다시다의 다른 점은?

미원의 식품 유형은 '화학적 합성품 식품첨가물'로 인공적으로 합성된 화합물을 말한다. 다시 말해 MSG 하나가 만들어지기 위해 중화 및 정제, 결정화의 화학적 과정이 들어가면 하나의 제품이 완성되는 것이다. 하지만 다시다의 경우에는 복합 조미식품으로 완성된 여러 가지 조미료를 섞어서 만든 제품이라고 보는 것이 편하다. 즉, 미원은 원재료이고 다시다는 복합 조미료다.

미원을 넣어 소고기 맛을 낸 것이 '소고기 다시다'라고 보면 된다. 글루탐산이 들어가지 않은 다시다가 없는 것처럼 미원의 원재료인 글루탐산 나트륨은 모든 조미료에 들어가는 주요 원재료인 것이다. 즉, 소고기 다시다, 해물 다시다, 표고 다시다 등의 주원료는 미원의 원재료인 글루탐산이다. 다시다의 상위 개념이 미원이라고 볼 수 있다.

식품공전에서 '식품첨가물'의 정의
'가공보조제'란 식품의 제조 과정에서 기술적 목적을 달성하려고 일부러 사용되며 최종 제품 완성 전 분해, 제거되어 잔류하지 않거나 비의도적으로 미량 잔류할 수 있는 식품첨가물을 말한다. 식품첨가물의 용도 중 '살균제', '여과보조제', '이형제', '제조 용제', '청관제', '추출 용제', '효소제'가 가공보조제에 해당한다. 여기서 식품첨가물의 '용도'란 식품의 제조·가공 시 식품에 발휘되는 식품첨가물의 기술적 효과를 말한다.

'식품첨가물'의 용도
감미료, 고결방지제, 거품 제거제, 껌기초제, 밀가루개량제, 발색제, 보존료, 분사제, 산도조절제, 산화방지제, 살균제, 습윤제, 안정제, 여과보조제, 영양강화제, 유화제, 이형제, 응고제, 제조 용제, 젤형성제, 증점제, 착색료, 천관제, 추출 용제, 충전제, 팽창제, 표백제, 표면처리제, 피막제, 향미증진제, 향료, 효소제

쓴맛(Bitter Taste)이 굳이 존재하고 발달한 이유는 뭘까? 아주 간단히 말하자면 독성 화합물의 섭취로부터 우리를 보호하기 위해서 진화된 감각이다. 쓴맛은 단맛·짠맛·신맛에 비해 더 예민하게 감지가 되는데, 이는 고대부터 수렵 생활을 하며 섭취하는 동식물로부터 인간을 보호하기 위해 발달한 감각이다.

쓴맛이 왜 필요하지?

 쓴맛은 인간에 해가 되는 독성을 감지하기도 하지만, 약리작용을 통해 인간을 이롭게 하는 성분도 많아서 '독이 되는 쓴맛'과 '건강한 쓴맛'을 구별해야만 했다. 특히 나물을 많이 섭취하는 우리 민족은 독초와 약초, 나물을 구별해야 하는 사명을 갖고 태어났다고 할 수 있다. 채소 역시도 외부 환경으로부터 자신을 스스로 지키기 위해 다양한 생리 활성물질인 '피토케미컬(Phytochemical)'을 만들어 내는데 이 성분이 바로 '건강한 쓴맛'에 해당된다.

 즉, 인간은 건강을 위해 쓴맛을 찾고 채소와 과일류는 스스로를 지키기 위해 쓴맛을 내는 아이러니한 상황이 지금까지 쓴맛을 이어오게 만들고 있다.

쓴맛, 몸에 좋거나 나쁘거나

한국인이 가장 많이 섭취하는 쓴맛은 채소 또는 나물이다. 그중 몸에 좋은 쓴맛 성분은 '폴리페놀'과 '알칼로이드(Ex. 카페인, 테오브로민)', '플라보노이드(Ex. 루틴, 케리세틴)', '글루코시놀레이트', '인슐린 민감도 개선 물질(Ex. 인타이빈)' 등에 많이 들어있다. 이 물질들을 다량 포함하고 있는 식재료가 바로 채소다.

우선, 녹색 잎채소와 일부 허브에 많이 포함돼있는 '폴리페놀'은 노화 방지와 심장질환 예방에 도움을 준다. 또 '알칼로이드'는 정신을 맑게 하고 피로 완화에 도움을 주는데 차, 커피가 대표적이고 시금치에도 소량 포함돼있다. '플라보노이드'는 케일, 브로콜리, 양배추에 포함되어 있으며 면역력 향상과 암 예방에 좋은 효과를 내고, '글루코시놀레이트'는 십자화, 콜리플라워 등에서 발견되는 성분으로 항암 효과가 있는 것으로 알려져 있다. 마지막으로, 치커리와 같은 채소에 들어있는 '인슐린 민감도 개선 물질'은 혈당 조절에 큰 도움이 된다.

이와 반대로, 먹으면 탈이 날 수 있는 독성을 가진 성분으로는 '솔라닌'이 있는데 감자에서 싹이 나 초록색으로 변한 부분에 많이 포함돼있다. 소량만 섭취해도 구토, 메스꺼움, 설사 등을 유발한다. 또 시금치, 근대 등에 다량 포함돼있는 '옥살산(옥살레이트)'은 신장 약한 사람이 과다 섭취했을 때 신장 결석을 유발할 수도 있다. 그리고 '쿠쿠르비타신'은 오이나 호박, 멜론에 포함돼있는 성분으로 과다 섭취를 했을 때 위장 장애를 일으키는데, 먹는 도중 쓴맛이 나면 섭취를 피해야 한다.

위와 같은 물질은 모두 쓴맛을 대표하는 성분들이다. 약리작용을 하느냐, 경련과 구토를 유발하느냐, 간발의 차이가 있을 뿐이다. 특히 '페놀 화합물(Phenolic Compounds)'은 주로 과일, 녹차, 와인 등에 많이 포함돼있으며 쓴맛과 떫은맛을 낸다. 페놀 화합물을 정리하면 아래와 같다.

쓴맛 또는 떫은맛을 내는 페놀 화합물

페놀 화합물 군	쓴맛 화합물	식품
Flavanones	Naringin	포도, 자몽, 메로골드
Flavones	Tangeretin Nobiletin Sinensetin	오렌지, 오렌지 주스
Flavonols	Quercetin	자몽, 자몽주스, 레몬, 레몬주스, 엔다이브, 홉, 와인, 홍차, 녹차
Flavans	Catechin Epicatechin Epigallocatechin	레드와인, 녹차, 홍차, 카카오 파우더
Isoflavones	Genistein	콩, 두부
Limonoid aglycones	Limonin Nomilin	레몬, 오렌지, 감귤, 자몽, 메로골드
Glucosinolates	Sinigrin Progoiterin	양배추, 방울 양배추, 콜리플라워, 터닙, 브로콜리, 케일, 머스터드
Isothiocyanates	Ally1-isothico	양배추

자료 : 경희대학교 대학원 조리 외식경영학과 이수현 논문 인용

건강한 쓴맛의 대명사, 인삼과 홍삼

지난 2023년, 한국의 인삼·홍삼 관련 수출액은 약 2억5000만달러 이상에 달한다고 한다. 중국·일본·미국 등에서 큰 인기를 얻고 있는데 그 이유는 역시 건강이다. 면역력을 강화하고 피로 해소에 도움을 준다고 알려져 코로나19 팬데믹 동안 더 많은 판매율을 기록하기도 했다.

인삼에서는 '사포닌(진세노사이드)'이라는 주요 성분이 쓴맛과 함께 약리작용을 한다. 인삼이 가진 다양한 생리 활성물질로 인해 '천연 강장제'로 불리기도 한다. 인삼은 동아시아와 북아메리카에 자생하는 식물로 약 1세기경, 중국 고대 의서인 《신농본초경》에 처음 등장해 '몸의 기운을 돋우고 오래 살게 한다'는 기록이 있다. 이미 1세기부터 쓴맛의 약리작용을 구별하기 시작했다고 추정할 수 있다.

우리 인삼을 '고려 인삼'이라 부르는 이유는 고려왕조(918~1392) 동안 왕실과 귀족뿐만 아니라 일반 백성들에게도 중요한 약재로 사용됐기 때문이다. 또 고려 시대엔 중국과 경제·문화 분야에서 많은 교류를 했는데, 이때 고려의 인삼이 중국에 알려졌고 품질과 효능 또한 뛰어난 것으로 평가되어 국제적으로 유명해지기 시작했다. 이로 인해 한국의 인삼은 고려 인삼과 더불어 많은 이들의 사랑을 받게 됐다.

소스에 쓴맛을 넣는 이유는?

소스에 쓴맛을 넣는 이유는 맛의 균형과 상호작용 때문이다. 소스를 만들 때 균형을 잡는다는 건 맛을 조화롭게 만드는 중요한 요소 중 하나인데, 단맛·짠맛·신맛·쓴맛·감칠맛이 균형 잡혀 있어야만 조화로운 맛이 형성된다. 특히 쓴맛은 단맛과 감칠맛을 한층 더 강조해 준다. 복합적이면서도 깊은 단맛을 내고 싶을 때 당분을 사용하기보다 쓴맛을 추가하면 단맛이 더 도드라질 수가 있다.

예를 들어, 색을 낼 때 가장 많이 사용하는 캐러멜에 가열을 계속하면 쓴맛이 나기 시작하는데 이때 당도가 높은 중국 소스에 활용하면 좋다. 캐러멜의 쓴맛이 중국 소스에 고유의 향과 입체적인 단맛을 만들어 내기 때문이다. 또 특유의 쓴맛이 있는 자몽은 새콤달콤한 드레싱에 소량 섞었을 때 한층 더 풍부한 풍미를 선사하며, 토마토소스나 스튜 소스에 허브를 넣으면 토마토의 산미와 감칠맛을 끌어올릴 수가 있다. 아이들이 잘 먹는 카레에도 쓴맛이 들어있다. 카레의 쓴맛을 내는 성분은 '커큐민'인데, 향신료로써 카레에 특별한 향을 부여하며 이 성분의 쓴맛은 감칠맛과 어우러져 복합적인 풍미를 만들어 낸다.

쓴맛은 상반된 맛을 내기도 하고 여운을 만들기도 하며, 상호작용을 통해 맛을 더 섬세하면서도 정교하게 만드는 역할을 한다. 가끔씩 얼굴 찌푸리며 '싫어하는 맛'이라 생각하기도 하지만, 우리는 이미 주변에서 다양한 쓴맛을 즐기고 있는 중이다.

식품공전(건강기능식품) 원재료 : 인삼(Panax ginseng C.A.Meyer)
말리지 않은 수삼, 수삼을 햇볕·열풍 또는 기타 방법으로 익히지 아니하고 말린 백삼, 수삼을 물로 익혀 말린 태극삼 등을 말한다.

식품공전(건강기능식품) 원재료 : 수삼(Panax ginseng C.A. Meyer)
증기 또는 기타 방법으로 쪄서 익혀 말린 홍삼

식품공전(조미식품)에서 '카레'의 정의
'카레(커리)'라 함은 향신료를 원료로 한 카레(커리)분 또는 이에 식품이나 식품첨가물 등을 가하여 만든 것을 말한다.

카레의 식품 유형
카레분, 카레

'몽환'이라는 이름의 6번째 맛

한국 술의 특징은 발효와 증류, 다양한 풍미, 낮은 도수와 높은 도수, 다양한 건강 기능을 들 수 있다. 발효 과정에서는 누룩·쌀·보리·밀 등의 곡물을 사용한다. 농경사회의 발전에 따라 쌀을 활용한 술이 더 많아지기 시작했고, 증류주와 발효주를 섞어 만드는 방식도 발전하게 됐다. 또 낮은 도수와 높은 도수의 술이 만들어지기 시작했고, 약초와 과일을 넣어 건강에도 좋은 술을 만들기 위한 노력이 있었다.

벌꿀 발효,
인류가 최초로 만든 술

꿀 또는 식초로 만든 식품 중 우리가 즐겨 찾는 음식은 뭘까? 바로 술이다. 기원전 7000년경 중국의 한 유적지에서는 발효된 쌀, 꿀, 과일로 만든 술의 흔적이 발견됐다. 또 벌꿀을 발효시켜 만든 '봉밀주'는 '미드(Mead)'라고도 하는데, 인류가 가장 먼저 만든 술 중 하나로 알려져 있다.

꿀에 물만 넣으면 만들 수 있는 '봉밀주'는 기원전 7000년 이전부터 만들어져 왔을지 모른다. 이렇게 만들어진 술은 도파민을 분비해 지친 육체를 낫게 하고 내일을 꿈꾸게 했을 것이다. 또 고대부터 중세 초기까지 게르만 사회(기원전 1세기~서기 6세기경)에서는 봉밀주를 맥주처럼 마셨는데 결혼 후 1개월 동안 외부 출입을 금하고 신부는 신랑에게 꿀을 마시게 해 아이를 갖는 풍습이 있었다. 여기서 '허니문'이라는 말이 생겨났다.

뿐만 아니라 세월이 흘러 농경사회로 정착한 우리의 선조들은 수확을 마친 10월에 신제를 진행했는데, 이때 곡식으로 빚은 술을 올렸다. 이때 만드는 술은 신성시됐기에 '신주'라고도 불렸다. 이런 노력 때문인지 우리의 선조들은 술 빚는 기술이 좋았고, 고대 중국 문헌에서는 고구려·백제·신라가 '술은 물론 발효를 잘하는 곳'이라고 기록돼있다.

고려 시대엔 충렬왕(1274~1308)에 의해 원나라로부터 강남 벼가 유입됐는데 기존 벼보다 빠르게 자라고 단위 면적당 생산량도 많았다. 때문에 수차와 같은 관개시설 확충을 통해 벼농사가 전국으로 확대됐다. 그리고 조선시대에 이르러서는 개간을 통해 논이 많아지기 시작하면서 쌀의 생산량도 늘어났고, 더 많은 술이 쌀을 재료로 해 만들어지기 시작했다.

그 옛날 우리 선조들의 술맛을 본 중국은 고려 시대에 막걸리와 청주를, 조선시대엔 청주를 진상하도록 요구했다. 물론 이처럼 양조기술을 인정받는 것은 좋은 일이나 예우와 충성의 증표로 진상을 해야만 했던 당시의 국력, 그리고 늘 주변의 눈치를 봐야 하는 외교 관계는 예나 지금이나 변함이 없어 보인다.

장기 보관이 가능한 증류주의 등장

술 중에서도 증류주는 이슬람과 중국의 만남에서부터 시작됐다. 중국에서는 불로장생의 약을 만들기 위한 '신선술'이 있었고, 이슬람에서는 싼 금속으로부터 금·은을 추출하는 증류기 '알렘빅'이 있었는데 이렇게 2가지가 만나 증류주가 탄생하게 된다. 본래 알렘빅은 향수를 만드는 목적으로 사용됐지만, 유라시아 동서지역과 아메리카로 전해지며 증류주를 만들기 위한 목적으로 용도가 변경됐다. 즉 2가지 문화가 만나 증류주의 개념이 만들어지게 된 것이다.

증류주가 한국에 들어온 것은 고려 시대 충렬왕(1274~1308) 때인 것으로 추정된다. 우리의 소주가 전해졌다고 추론할 수 있는 지역은 일본 원정을 출발했던 합포(창원), 고려의 수도였던 개경(개성), 그리고 몽골군의 직할지로 통치했던 화주(함경도, 영흥), 서경(평안도, 평양), 탐라(제주도) 지역이다. 이곳에서만 증류 기술이 전해졌다고 판단된다. 이렇게 증류주가 만들어지면서 장기 보관이 가능해졌고 발효주 또한 다양한 형태로 변화하게 됐다. 또 각 가정에서는 '혼성주'라 불리는 과하주(청주에 소주를 섞어 만드는 혼양주의 일종)가 본격적으로 만들어지면서 발효주가 성장하는 데 큰 영향을 주게 됐다. 이때부터 만들기 시작한 곡주와 소주는 식용, 약용으로 만들어지며 다양한 음식에도 사용됐다.

조선시대에 이르러서 《동의보감》의 기록을 살펴보면, 소주는 취하기 위한 용도보다 약을 위한 용도였다. 약과 소주를 함께 마시게

함으로써 약효가 빠르게 퍼지도록 유도한 것이다. 즉, 소주는 약용이었기 때문에 당연히 과도한 음주는 금지될 수밖에 없었다.

그러던 중 증류주의 대중화는 의외의 사건에서 시작됐다. 임진왜란(1592~1598)은 조선 사회에 큰 변화를 불러왔는데, 서양에서 들어온 증류 기법이 일본을 통해 조선에도 영향을 미치게 된 것이다. 전쟁 중 군사들에게 증류주는 피로 해소와 체온 유지, 위생 문제 해결의 수단으로 사용되면서 증류주의 필요성이 크게 인식된 것이다. 이렇게 조선 후기로 갈수록 증류 기술 또한 간편화되면서 소주를 가정에서도 쉽게 만들게 됐고, 왕실과 양반뿐 아니라 서민층에게도 널리 퍼지게 됐다.

지역마다 다양한 색을 가진 한국의 전통술

한국농수산식품유통공사에 따르면, 2022년 주류시장 규모는 출고 금액 기준 약 9조9700억 원에 이르고 있고, 출고 1위는 맥주로 41.6%(4조1400억원), 2위는 소주로 40%(3조9880억 원)를 차지하고 있다. 이처럼 현재 맥주와 소주가 전체 시장의 80% 이상을 차지하고 있지만 한국에 그 술만 있는 건 아니다. 막걸리·소주·청주·약주·과일주·동동주·죽엽 청주·이화주·문배주·한산 소곡주·이강주·안동소주·경주법주·백하주·산사춘·과하주·감홍로·옥로주 등 더 많은 술이 존재한다. 뿐만 아니라 경상도, 전라도, 충청도, 강원도 등에서는 지역색이 들어간 다양한 술이 만들어져 왔고 현재도 만들어지고 있는 중이다.

한국에서는 이렇게 다양한 술이 만들어져 왔지만, 일제 강점기인 20세기 초반엔 맥주가 자리를 잡기 시작했고 1933년엔 조선 맥주 주식회사가 설립, 1990년대 이후부터는 세계맥주 시장이 개방되면서 오늘에 이르고 있다. 맥주와 소주가 차지하고 있는 주류 소비시장, 그 가운데 다양한 한국의 전통술이 외면받고 있다. 또 한국의 전통술이 실제 현장에서 팔리고 있는 건 10% 내외라는 현실이 너무 아쉽기만 하다.

식품공전(주류)에서 '증류주류'의 정의
'증류주류'란 곡류 등의 전분질 원료나 과실 등의 당질 원료를 주된 원료로 하여 발효시킨 후 증류한 그대로 또는 나무통에 저장하여 제조한 것을 말한다.

식품공전(주류)에서 '발효주류'의 정의
'발효주류'란 곡류 등의 전분질 원료나 과실 등의 당질 원료를 주된 원료로 하여 발효시켜 제조한 탁주, 약주, 청주, 맥주, 과실주를 말한다.

'증류주류'의 식품 유형
소주, 위스키, 브랜디, 일반 증류주, 리큐르

'발효주류'의 식품 유형
탁주, 약주, 청주, 맥주, 과실주

고기와 생선 요리엔
왜 술을 넣을까?

 알코올은 다양한 방법으로 잡내를 제거하는 데 탁월한 효과가 있다. 시중에 잡내를 제거하기 위해 나온 맛술에도 알코올이 함유되어 있는데, 알코올 함유량을 보면 소주보다 도수가 높은 것을 알 수 있다. 이는 알코올의 효과를 극대화하기 위함인 것을 알 수 있다.

 고기나 생선을 조리할 때에도 술을 넣는 경우를 쉽게 볼 수 있다. 술을 넣는 이유는 잡내를 제거하기 위해서가 대부분이다. 잡내의 주요 원인 물질들은 대체로 휘발성이 있는 지방산이나 알데히드(고기 잡내)와 아민(생선의 비린내)이다. 해당 원인 물질을 제거하기에 술이 제격인 이유는 다음과 같다.

 우선, 알코올의 휘발성을 이용해 음식 속 잡내의 물질들을 공기 중으로 쉽게 배출시켜 음식에서 불쾌한 냄새가 제거된다. 이때 알코올과 잡내 원인 물질의 화학적 반응도 한몫을 한다. 알데히드와 아민을 중화시켜 냄새를 덜 느끼게 되거나 다른 방향의 물질로 변환이 된다. 또 지방산과 알코올이 반응하면 '에스테르'라는 향기로운 물질이 생성돼 더 좋은 향이 잡내를 가려준다.

알코올은 살균작용도 하는데, 특히 생선 비린내의 원인 물질인 '트리메틸아민'은 물에 잘 녹지 않지만 알코올과는 잘 섞여서 아민을 분해하거나 다른 물질로 변환을 시킨다. 고기 잡내 성분과 결합돼있는 단백질을 분해해 고기를 연하게 함과 동시에 맛도 훨씬 좋게 만든다.

소스를 만들 때 가장 많이 사용하는 술은?

맛술이 나오기 전에는 음식이나 각종 소스에 청주를 사용했다. 특히 고기 요리를 하거나 고기를 재울 때 쓰는 각종 양념 소스에 청주는 필수 재료 중 하나였다. 잡내 제거와 풍미를 높이는 게 청주를 사용하는 주요한 이유였다. 물론, 지금도 청주는 음식을 할 때 많이 쓰이는 주류 중 하나이기도 하다. 소주가 대중화되면서 청주 대신 소주를 넣기도 하지만 전통적인 방식은 청주를 사용하는 것이었다.

음식과 소스 등에 술을 사용하는 이유는 이미 설명했고, 그렇다면 현재 각종 소스를 만들 때 가장 많이 사용하는 술은 뭘까? 바로 주정이다. 주정은 즉 에탄올(ethanol)로, 화학식이 C_2H_5OH인 알

코올이다. 휘발성과 인화성이 높아 공기 중에서 쉽게 증발하는 특성이 있다. 주정은 발효 과정에서 탄수화물이 분해되며 만들어진다. 주류의 하나로 발효주, 증류주, 기타 주류 다음으로 주정이 구분되어 있다.

주정을 소스에 사용하는 주된 목적은 방부 효과, 발효 조절, 풍미 향상이다. 하지만 풍미 향상보다는 방부제로서의 역할을 위해 사용하는 경우가 더 많다. 특히 한국의 전통 장에 주로 사용하는데, 포장을 한 이후에도 발효가 되는 특징을 갖고 있는 발효 식품에 주정을 사용하는 경우가 많다. 건강을 먼저 생각하는 한국의 전통 장에 화학 방부제가 들어가면 부정적 인식이 클 수밖에 없다. 때문에 현재는 주정을 주로 사용해 전통 장의 특성과 안전성, 풍미와 맛을 유지해나가고 있다.

식품공전(주류)에서 '주정'의 정의
주정이라 함은 전분질 원료 또는 당질 원료를 발효시켜 증류한 것 또는 조주정을 증류한 것으로 희석해 음용할 수 있는 에탄올을 말한다. 단, 불순물이 포함되어 있어서 직접 음용할 수는 없으나 정제하면 음용이 가능한 조주정(粗酒精)은 제외한다.

Sauce diary

몽환의 맛, 술

쓴맛, 단맛, 짠맛, 신맛, 감칠맛 다음은 '몽환 맛(Dreamlike Taste)'이라고 정의하면 어떨까? 때론 나른하고, 때론 현실에서 벗어나고, 때론 과하게 기뻐하고, 때론 과하게 슬퍼한다. 꿈을 꾸는듯한 맛의 마술도 부릴 줄 아는 것이 바로 술인 것이다.

전 세계적으로 술의 판매량을 정확히 알 수 없지만 국내의 경우에는 약 10조원에 달하는 술이 판매되고 있고, 2023년 외식업의 시장 규모는 100조원을 돌파했다. 출고되는 모든 술이 외식 시장에서 판매가 되는 건 아니라서 10% 비중이라 단정할 수는 없고, 음식점업 이외에 주점업이 있어서 정확한 수치를 알 수 없다.

하지만 외식업계, 주점업계에서 출고가의 약 3배에 판매되는 주류 특성을 감안했을 때 전체 시장 판매액을 기준으로 한다면 10조원이 아니라 약 20조원에 달한다고 짐작할 수 있다. 이런 추정을 한다면 외식 시장의 20%에 가까운 점유율을 보이는 '술의 맛'이란 건 별도로 정의되어야 마땅하다고 본다.

술의 맛을 적확하게 표현할 수 없을까?

혀끝을 타고 혀, 위, 소장을 통해 흡수된 알코올은 혈액으로 들어가 몸 전체에 운반되기 시작하면서 뇌에 도달한다. 이때 도파민 분비, 신경전달물질의 조절 등을 통해서 쾌감, 행복감이 들고 몸은 이완되기 시작한다. 이처럼 즉각적인 신체 반응을 일으키는 식품은 대중 음식 중에 유일하다. 그런데 이러한 술의 맛을 적확하게 표현할 단어가 없다는 게 이해가 되질 않는다.

뇌의 시상(Thalamus)과 뇌섬엽(Insular cortex)에서 맛의 기본 요소(쓴맛, 단맛, 짠맛, 신맛, 감칠맛)를 처리하고, 이를 후각, 촉각, 시각 등 다른 감각과 통합해 복합적인 맛 경험을 형성하는데도 딱히 마땅한 표현이 없다는 건 한편으로 이해가 가기도 한다. 물론 과도한 음주로 인한 사회적 비용이 걱정되기 때문일 수도 있다. 그럼에도 불구하고 술의 역사, 현재의 판매량 등을 종합적으로 고려해 보면 술이 지닌 식품으로서의 위치는 상당하다고 할 수 있다.

Sauce diary

각각 다른 상황에서 느껴지는 풍부한 '술의 맛'

술의 맛을 표현할 때 '인생의 맛'이라고 하는데, 그 안에 담긴 속뜻은 '쓴맛'을 의미한다. 단순히 쓴맛이 나지만, 취했을 때 느껴지는 더 많은 생각들이 그 힘든 만큼의 보상을 받는 것 같아서 '인생의 맛'이라고들 한다. 이러한 표현도 충분히 좋긴 하지만 성인의 애환이 담긴 지극히 일반적 사고로 만들어진 문장 아닐까. 혼자 먹을 때, 이성과 먹을 때, 친구와 먹을 때, 가족과 먹을 때 각각 다른 맛을 내는 술을 표현하기엔 부족하기만 하다는 생각이 든다.

술을 마시면 현실이 아닌 꿈속의 모습을 상상하는 경우가 많다. 자신감도 생기고 표현도 다양해지고 마치 꿈을 꾸는 것처럼 말이다. 그래서 '몽환 맛'이란 표현을 쓴다. 물론, 저자의 개인적인 생각이다.

쓴맛, 단맛, 짠맛, 신맛, 감칠맛의 5가지를 결정하는 요인들이 있다고 한다. 고기를 구울 때의 불 맛에서도 그걸 찾았다고 하는데, 술에서는 화학적 결정 요인이 부족해 5가지 맛에 포함되지 않는다고 한다. 그래서 술은 제6의 맛으로 부르고 싶다. 즉 '몽환의 맛'이다.

잘못된 미각 지도

혀의 앞부분은 단맛, 옆부분은 신맛, 뒷부분은 쓴맛, 양옆과 앞부분은 쓴맛을 느낀다는 20세기 초의 연구 결과가 있다. 독일 과학자 '에드위 보링'의 이 연구는 교과서에 실리면서 학창 시절, 맛을 구별하기 위한 여러 실험을 해보기도 했다. 그때의 상식은 오늘날에도 믿고 따르는 사람들이 많다.

하지만 혀 전체에 걸쳐 있는 돌기인 미뢰(Taste bud)가 5미(단맛, 짠맛, 신맛, 쓴맛, 감칠맛)의 모든 맛을 감지할 수 있다는 걸 밝혀냈다. 다시 말해 혀는 부위와 상관없이 모든 맛을 감지할 수 있는 기능을 하고 있다는 것이다. 모든 맛을 감지하는 미뢰는 혀뿐 아니라 구강 내 다양한 부위에도 분포해 있으며, 미각 수용체인 미뢰에 의해서만 맛이 구별되는 게 아니라 후각, 온각, 온도 등과 함께 종합적으로 인지가 되는 것이다. 즉, 맛은 혀의 특정 부위에 의해서만 결정되지 않는다는 것이 현재의 과학적 정의다.

잘못된 미각 지도를 외우고 시험을 봐왔기에 지금도 이런 상식을 갖고 있다면 지금이라도 그 상식에서 벗어나야 제대로 된 맛을 느낄 수 있을 것이다. 특히 외식업 종사자라면 더욱 그렇다.

Part 2

팔다

글로벌 비즈니스를 장악하는
'중독의 힘'

한국, 전 세계 소스 시장 규모에서 16번째

한국농수산식품유통공사에 따르면 한국 소스 시장의 규모는 2024년 약 3조원으로 추정되고 있다. 국내뿐 아니라 해외에서도 한류의 영향으로 인해 한국 음식을 만들어 먹을 수 있는 소스 판매가 늘고 있으며, 이런 관심은 한국 프랜차이즈 시장에도 영향을 미치고 있다. 코로나 팬데믹이 지나고 프랜차이즈 본사들의 눈도 해외로 향하고 있지만 팬데믹 때 간접 경험했던 한국의 음식과 소스를 먹고 싶어 하는 요구 또한 늘어났기 때문으로 보고 있다. 즉, 한류와 소스는 깊은 상관관계가 있다고 볼 수 있다. 이는, 한국을 넘어 전 세계 소스 시장에 진출할 수 있는 시발점이기도 하다.

그렇다면 전 세계 1위의 소스 규모를 가진 국가는 어디일까? 미국이 1위, 그 뒤를 이어 중국이 있다. 전 세계 소스 시장 규모는 약 170조원이고, 그중 33조원의 규모로 미국이 최고의 자리를 차지하고 있다. 그다음인 중국은 29조원이며, 한국의 소스 시장 규모는 약 2.2조원으로 세계 16번째에 이름을 올리고 있다. 이 통계는 2021년 기준이고, 2024년엔 한국의 소스 시장 규모만 약 3조원에 이른다.

해외 수출, K-푸드의 인기 이어가기 위해서는

소스는 지역에 따라서 분말, 액상의 형태로 만들어졌으나 교통의 발달, 유통기한 연장 가능한 제조 및 냉장·냉동 유통이 일상화되면서 소스의 유통 시스템이 완성됐다. 또 유튜브, 틱톡, 인스타그램 등 전 세계 맛집을 방 안에서 만날 수 있기에 소스의 유통 또한 자연스럽게 자국을 넘어 세계 시장으로 나아가고 있다.

전 세계 77억명 인구 중 20%를 차지하는 무슬림 역시도 한류에 관심이 많다. 하지만 이슬람 국가로의 수출엔 할랄 인증이 꼭 필요하다. 국내에서도 할랄 인증을 대행하는 기관이 많아 인증받는 것은 어렵지 않다. 다만 독립된 공간에서 할랄 제품이 아닌 제품과 교차 생산을 해서는 안 된다. 즉, 할랄 전용 생산 라인이 있어야만 안정적인 할랄 인증 공장이 되는 것이다. 이는 전체 공장의 구조를 바꿔야 하는 일이다. 여유 공간을 갖추지 못한 공장에서는 그림의 떡에 불과하다.

소스류 주요국 시장규모 (2021)

구분		시장규모	비중
	전 세계	137,177.80	100
1	미국	28,088.20	20.5
2	중국	23,861.40	17.4
3	일본	17,873.30	13
4	독일	5,593.90	4.1
5	영국	4,861.90	3.5
	:		
16	대한민국	1,832.20	1.3

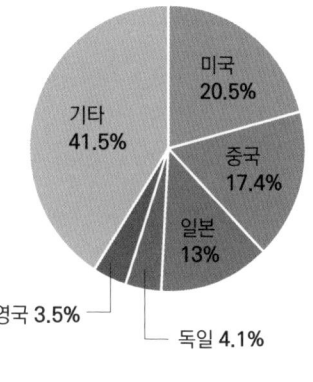

글로벌 소스류 시장규모 추이 (2016~2021)

2018	2019	2020	2021	전년비	연평균
117,139.20	121,894.10	137,404.00	137,177.80	▲0.2	4.8

단위: 백만달러, %
출처: 유로모니터(Euromonitor International)

소스의 정의

식품
- 기능성 식품
- 식품 첨가물
- 식품 → 조미식품
  - 소스(유형)
  - 마요네즈
  - 토마토케첩
  - 소스
  - 복합조미식품

한류에 열광하는 아시아 국가 중 인도네시아와 말레이시아는 이슬람 신자가 가장 많은 곳이다. 한류의 관심이 식품(소스)으로 이어진다 해도 기본적인 할랄 인증이 없다면 얼마 지나지 않아 한류와 식품에 대한 관심도 한계에 봉착하게 될 것이다. 만약 해외 수출을 생각한다면 할랄 인증이 꼭 필요한 절차라고 할 수 있다.

물론, 종교적 선택도 중요하지만 소득 수준이 높아지면서 지적 수준도 높아진 소비자는 탄소 배출, 환경문제, 건강 문제 등의 이슈에도 민감하다. '내가 즐겨 먹는 식품이 지구 환경에 해를 끼치지는 않는지?', '공장의 생산 구조에서 노동을 착취하거나 사회적 물의를 일으키지는 않는지?' 등에도 관심을 갖고 있다. 특히 환경과 건강을 생각하는 소비자가 늘어나면서 비건을 선호하는 소비자층도 증가하고 있다. 다민족이 모여 사는 미국이나 소고기를 먹지 않는 인도, 돼지고기를 먹지 않는 이슬람 국가에서도 비건을 선호한다. 때문에 해외 수출을 준비 중에 있다면 할랄 인증과 비건 인증 역시 꼭 필요한 절차다.

소스의 정의 (식품의약품안전처 기준)
소스류는 동식물성 원료에 향신료, 장류, 당류, 식염, 식초, 식용유지 등을 가하여 가공한 것으로 식품 조리의 전후에 풍미 증진을 목적으로 사용되는 것을 말한다. 다만, 따로 기준 및 규격이 정하여진 것을 제외한다. 또한 소스 식품의 유형에는 복합 조미식품, 마요네즈, 토마토케첩, 소스로 구분하는데 복합 조미식품의 수분 함량 8% 이하인 분말을 이야기한다.

2023년부터 해외 표준화,
K-푸드의 표준을 만든 보배반점

 2023년 여름, 중식 프랜차이즈를 운영하는 한 대표가 "요즘, 기세 좋은 브랜드가 있다. 함께 만났으면 좋겠다"는 제안을 했다. 그래서 찾아간 곳이 '보배반점'이었는데 그곳에서 김진혁 대표를 만났다. 이미 수년 전부터 인연이 있었음에도 불구하고 이렇게 급속히 성장하고 있을 거라는 생각을 하지 못했다. 그의 모든 말에 귀를 기울이지 않을 수 없었다.

 "바빠도 시간 내서 좋은 분들은 자주 뵈어야죠. 그래야 저도 많이 배우죠!"

 늘 깨어있는 생각과 그의 시선에서 보배반점의 운영 방향까지 대략 짐작할 수 있었다. 솔직히 프랜차이즈 사업으로 성공을 맛보지 못한 나는 보배반점의 성공에 자극이 됐다. 그리고 그와 함께하면 좋겠다는 생각을 했다. 그 후로 보배반점의 기세는 매년 몇 배 더 높

이 올라갔고, 자체적인 연구 인력들도 늘어나며 전문화되는 과정이 보였다. 그럴수록 '상대적으로 우리 회사의 역량적 한계가 더 빨리 다가오는 건 아닐까'라는 생각으로 두려워지기도 했다. 그러던 중 코로나19가 종식되며 해외여행이 자유로워지기 시작했다.

한류와 함께 찾아온 기회

해외 사업을 염두에 두고 준비했던 분말 소스 제조 라인이 있었다. 이 설비를 이용해 해외 진출용 소스를 미리 개발해두면 좋겠다는 생각이 들었다. 그러고는 곧 미국 시장을 타깃으로 한 소스를 개발해나가기 시작했다.

막상 소스를 개발하려고 하니 어떻게 만들어야 할지조차 가늠되지 않았다. 코트라에 자문했지만 "공장등록이 필수"라는 말 외에 그 어떤 답변도 들을 수 없었다. 또 이미 해외 수출을 하고 있는 대기업의 경우엔 식품 분류가 달라서 햇잎푸드의 소스류와 일치하지 않았다. 그러던 중 뉴욕에서 포장 디자인을 하고 있는 전문가를 소개받아 무작정 약속을 잡은 후 뉴욕으로 날아갔다. '14시간 날아서 갔는데 만나주지 않으면 어쩌지'라는 생각도 했다. 하지만 그 걱정과 달리 미팅은 잘 이뤄졌고, 미국 현지의 식품회사에서 수입·유통을 하는 한국인까지 소개받을 수 있었다. 이후로 FTA, FDA, USDA,

CBP, FSVP, 공장등록 등의 개념이 정리되기 시작했고 보배반점의 연구 인력들과 분말 소스 개발에 착수했다. 우선, 가장 중요한 순으로 분말화 제품을 개발했다. 전문 인력들과의 협업은 예상보다 더 재미있었고 제조과정도 순조롭게 진행됐다.

그렇게 하나둘 제품이 완성되어 갈 때쯤 의외의 결과물을 요구하는 곳이 생겼다. 보배반점이 중국 톈진의 한 사업자와 가맹 계약을 한 것이었다. 그 사람은 중국 현지의 백화점에서 10여 곳의 식당을 운영하는 분이었는데, 한국의 보배반점에서 음식을 맛보고는 중국 내 성공 가능성이 있을 것이라 판단했다고 한다. 때문에 햇잎푸드는 미국보다 중국 시장에서 사용할 제품을 먼저 만들어야만 했다. 처음엔 '미국을 기준으로 만들면 전 세계 어디든 비슷하지 않을까'라고 생각했지만 중국의 기준은 또 달랐다. 공장등록 절차까지는 같지만, 제품의 기준이 전혀 달랐다. 나라별로 자국의 국민 건강 및 산업을 보호하는 정책이 다르기 때문에 수입을 허용하는 제품의 기준 역시 달랐던 것이다.

애초의 계획대로 되지는 않았지만 미국을 기준으로 개발해 놓은 제품 때문에 중국 제품개발 또한 수월하게 진행할 수 있었고, 결국엔 정식 통관이 가능한 형태의 제품개발을 완료하게 됐다.

해외 수출의 시작은 베트남에서부터

의외로, 해외 매장의 시작은 베트남이었다. 보배반점 김진혁 대표와 가깝게 지내는 정기훈, 강정훈 대표와 함께 베트남 지사를 설립한 후 해외 매장으로는 처음으로 베트남 송한점을 오픈하게 됐다. 베트남은 미국, 중국보다 소스 제조의 제약이 적었고 통관절차도 간소화되어 있어서 개발의 범위가 넓었다. 때문에 굉장히 빠른 속도로 제품이 만들어졌고, 베트남의 매장이 실내 인테리어를 할 동안 소스는 베트남 호치민으로 수출될 수 있었다. 베트남으로의 수출은 그 어떤 납품 완료 전화보다 기분이 좋았다. 하지만 그것도 잠시, 20일 넘게 실온 컨테이너에 실려 도착한 소스는 여러 문제점을 보이기 시작했다.

가장 큰 문제는 뭉침 현상, 맛과 색의 변화였다. 미리 예상했던 사항이어서 포장지와 원재료, 가공법에 특히 신경을 썼는데도 이런 문제점이 발생했다고 하니 자괴감이 들 수밖에 없었다. 당장 현장으로 달려가 문제점을 파악하고 점검하며, 원인을 제거하기 시작했다. 혼자서만 문제 해결을 하는 게 아니라 보배반점 측과 쌍방 소통을 하니 해결은 보다 쉽게 됐다. 물론 원인 제공은 제조사인 나의 몫이지만, 해결은 함께해야만 하는 게 현실이기 때문이다. 이런 면에서 다시 한 번 '합리적 의사결정 구조를 지닌 회사'의 강점을 확인할 수 있었다.

덕분에 호치민 현장의 정기훈 대표는 6개월간 고생을 했다. 이후 중국 톈진, 미국 라스베이거스에도 별문제 없이 매장 오픈을 이어나가게 된다.

잘 만들어진 매뉴얼이 표준화는 아니다

2023년부터 햇잎푸드는 보배반점과 함께 미국, 중국, 베트남에 수출되는 분말 소스를 개발했고 인도네시아, 호주, 말레이시아, 태국, 필리핀 등 할랄 인증이 필요한 나라의 제품개발도 병행하고 있다.

이 과정에서 '잘 만들어진 매뉴얼 하나가 표준화의 전부는 아니다'라는 걸 깨달았다. 똑같은 소스도 조리 기구와 온도, 습도, 유통과정, 조리 순서, 그리고 만드는 사람에 따라서 맛이 달라진다. 하물며 문화가 전혀 다른 나라에서 만들어지는 '음식의 표준화'라는 것이 그리 쉬울 리 없다. 일례로, 신라면을 끓이고는 마지막에 참기름을 넣어주는 식당들이 있다. 이것을 표준화라고 할 수 있을까? 신라면이 맵다고 느끼는 동남아 현지인들이 참기름으로 매운맛을 중화시키는 것인데, 이것을 신라면이라고는 할 수 없다. 아니, 들깨 라면에 가깝다. 신라면은 신라면다워야 표준화라고 할 수 있는 것이다.

보배반점의 해외 소스를 개발하는 과정에서 느낀 표준화의 개념은 '한국 그대로의 맛을 내기 위해 조리 매뉴얼을 최소화'하는 것이었다. 후첨도 마음대로 하면 안 된다. 자국의 입맛대로 후첨을 하게 되는 순간, 그것은 더 이상 한국의 맛이 아니기 때문이다.

현지화란, 한국의 맛을 외국인이 좋아하는 것

보배반점의 짜장·짬뽕은 한국 그대로의 맛이다. 해외라고 해서 덜 맵거나 덜 빨갛고, 덜 달거나 덜 까맣지 않다. 한국 짜장, 짬뽕 맛 그대로를 오랫동안 외국인이 즐기다 보면 결국 그 맛에 끌려오는 게 바로 현지화인 것이다. 간혹 "짜장면을 스파게티 면으로 바꿔 현지화를 하면 어때?"라는 말을 하는 전문가가 있다. 그럼 난 이렇게 말해주고 싶다. "너나 해."만약 그런 게 현지화였다면 배추 없는 곳은 모두 양배추김치를 먹어야지 왜 배추김치를 찾을까? 3년 정도 해외 소스 및 매뉴얼 개발과정에서 느낀 것이 이럴진대, 현장도 가보지 않고 해외 현지화를 외치는 수많은 전문가 및 컨설턴트들은 왜 그런 걸까? 아무래도 현지에 나가 직접 일을 해봐야 하지 않을까 싶다.

  한국에서는 보배반점을 중화요리로 분류하지만, 해외에서는 K-FOOD로 분류한다. 진입 장벽 높은 중화요리를 해외에서도 손쉽게 만들 수 있도록 표준화에 성공한 보배반점, 이 브랜드의 성공은 이제부터가 시작일 수 있다. 앞으로의 성공을 더 기대해볼 충분한 이유가 있다.

프랜차이즈 소스는
뭐가 중요할까?

프랜차이즈 브랜드의 속성은 맛과 함께 파사드, 인테리어, 음악, 향, 가격 등 다양하지만 무엇보다 맛(소스)이 가장 기본이 된다. 또 소스를 기반으로 한 맛은 브랜드 정체성의 기초가 된다. 고객들은 여전히 프랜차이즈 브랜드에 호응하고 있고, 프랜차이즈 브랜드들은 전체 외식업의 발전에 크게 이바지하고 있다. 그 기저에는 소스가 자리하고 있다.

한국의 외식 시장 규모는 약 100조원에 달한다. 2025년 국가 예산 673조원 중 약 15%에 해당한다. 국가 예산과 단순 비교를 할 수 없지만 그만큼 외식 시장의 규모가 확대됐고, 향후 국내를 넘어 해외로 가야 할 만큼 성장했다.

외식 시장의 발전에는 프랜차이즈 시스템이 가장 큰 역할을 했다. 공정거래위원회에 등록된 브랜드 개수가 약 1만5000개에 달하는 것이 그 방증이다. 일반 식당과 프랜차이즈 식당의 가장 큰 차이는 매뉴얼과 시스템에 있다. 물론, 그 중심에는 특화된 소스가 중심을 차지하고 있다.

겉으로 보면 다 같은 소스지만 프랜차이즈 소스와 일반 식당의 소스는 맛뿐만 아니라 정체성도 다르다는 걸 알아야 한다. 프랜차이즈 소스는 양념 이상의 마케팅 수단이기 때문이다.

프랜차이즈 소스의 5가지 조건

1 브랜드 식별성 강화 - 프랜차이즈 소스는 해당 프랜차이즈 브랜드의 특별한 맛과 향을 나타내는 중요한 요소다. 이를 통해 해당 브랜드의 음식점들이 일관된 맛과 식별성을 제공할 수 있어야 한다.

2 마케팅 및 공급망 활용 - 소스의 특허나 비밀 레시피를 보유하는 경우, 이를 통해 브랜드가 독특한 제품을 제공하고 마케팅에 활용할 수 있다. 또한 프랜차이즈 네트워크 내에서 양념 소스를 일관되게 제조 및 공급할 수 있어야 한다.

3 라이선스 및 계약 - 프랜차이즈 소스를 사용하려면 프랜차이즈 계약에 따라 브랜드 소유자와의 라이선스 협약이 필요할 수 있

쭈꾸미 전문점 '손의손'

고, 이 계약에서 소스의 사용 방법, 공급처, 품질 관리 등이 명시되어야 한다.

4 상업적 비밀 유지 - 소스의 레시피나 제조 방법은 상업적 비밀로서 유지되어야 한다. 이는 프랜차이즈 네트워크 내에서만 공유되며 외부로 유출되지 않아야 한다.

5 지역화 및 다양성 - 프랜차이즈 소스는 지역적인 취향과 문화에 맞춰 다양한 변형이 가능할 수 있다. 프랜차이즈는 이를 활용하여 지역 시장에 적합한 제품을 제공할 수 있다.

외식 프랜차이즈 소스의 특징

범용 소스보다 프랜차이즈 소스가 더 맛있을 수밖에 없는 이유가 있다. 프랜차이즈 소스의 특징 때문이다. 동일한 소스도 재료, 시간, 불 세기, 중량, 넣는 순서 등에 따라서 맛의 차이가 나는데 운영 가이드라인이 있는 소스의 맛은 당연히 더 좋을 수밖에 없다.

때문에 K-푸드의 바람을 이어갈 다음 주자가 한국의 외식 프랜차이즈 브랜드라고 생각한다. 맛뿐만 아니라 파사드, 인테리어, 음악, 서비스 프로세스 등을 통해서 한국의 맛과 문화를 함께 제공하는 곳이 프랜차이즈 외식 기업이기 때문이다. 이런 흐름은 미국, 유럽, 동남아, 몽골 등에서 관심을 넘어 진출을 모색하기 위한 문의가 이어지고 있다.

드라마 한 편이 떠서 유행하던 한류의 형태와는 다르다. 이제 한류는 문화로 자리 잡고 있다. 전 세계의 관심은 어찌 보면 당연한 일이다. 이러한 한국의 문화를 간접 경험하기 가장 좋은 모델 중 하나가 외식 프랜차이즈이기도 하다.

아직 전 세계를 호령하는 메가 브랜드가 없는 한국의 외식 프랜차이즈 시장이지만 점점 고도화되어 가고 있고, 관심을 많이 받는 지금이 글로벌 시장 진출의 적기라고 본다. 향후 10년 이내에 전 세계를 호령하는 한국의 외식 브랜드가 만들어질 것을 믿어 의심치 않는다.

일관성 - 프랜차이즈 소스는 모든 가맹점 사업자가 동일한 품질과 표준을 유지하도록 도와준다. 이를 통해 브랜드의 일관성 있는 이미지와 경험을 제공할 수 있다.

식별성 - 프랜차이즈 소스는 브랜드의 특징과 식별성을 형성한다. 제품 디자인, 로고 등은 브랜드를 식별하고 소비자에게 시각적으로 인식시킨다. 또한 맛, 색, 향, 식감 등을 통해 타사와 다른 차별성을 만들어 낸다.

운영 가이드라인 - 프랜차이즈 소스는 가맹점 사업자들에게 운영 가이드라인을 제공한다. 메뉴 제조 방법, 서비스 표준, 고객 서비스 절차 등의 지침을 포함하여 일관된 운영을 지원한다.

품질 관리 - 프랜차이즈 소스는 제품과 서비스의 품질을 유지하고 개선하기 위한 기준을 제공한다. 품질검사, 테스트, 피드백 등을 통해 브랜드의 높은 품질을 유지할 수 있다.

지원 및 교육 - 프랜차이즈 소스는 가맹점 사업자들에게 초기 교육과 지속적인 지원을 제공한다. 제품 사용법, 운영 절차, 고객 상호작용 등에 대한 교육을 통해 사업자의 역량을 향상시킨다.

외식 프랜차이즈 소스 OEM or ODM?

프랜차이즈의 모든 소스는 OEM 제작이 되어야 한다. 당사의 제품으로 표기가 되어야 전용 상품의 지위를 확보할 수 있고 가맹점주의 신뢰를 얻기 때문이다. 하지만 ODM 제품을 쓰는 경우도 많다. 케첩, 마요네즈 등의 소스도 따지고 보면 ODM 제품을 사용하는 것이다. 하지만 특화된 메뉴를 만들거나 유통해야 할 목적이라면 무조건 OEM을 통해 제품을 생산해야만 한다.

또한 OEM과 ODM의 차이를 잘 이해하고, 자사의 핵심 역량이 되는 소스의 개발 형태를 정해야 한다. 간혹 자사가 개발한 제품이 아니지만 소비자가 만족하는 경우가 있는데 이때는 ODM을 통해 자사의 제품으로 인식하게 만들어야 한다.

OEM (Original Equipment Manufacturer) - OEM은 원래 장비 제조업체를 나타내는 약어로, 다른 회사나 브랜드에서 제품을 생산해 판매하는 기업을 말한다. 이 경우, OEM 제조업체는 다른 회사의 브랜드명으로 제품을 제작하고 공급한다. 제품의 디자인·생산·품질 관리 등을 위임받아 제조하며, 주문을 받아서 해당 제품을 판매하는 데 이바지하게 된다.

ODM (Original Design Manufacturer) - ODM은 원래 디자인 제조업체를 나타내는 약어로, 다른 회사의 제품에 대한 디자인, 개발 및 생산을 수행하는 기업을 의미한다. ODM 제조업체는 주로 제품 아이디어와 디자인을 개발하고, 주문을 받아 해당 제품을 생산하며, 필요한 경우엔 브랜드명 및 로고를 클라이언트 회사의 요구에 따라 적용한다.

소스도 특허를 낼 수 있을까?

'갈비 제조 방법에 대한 양념'과 '김치를 만드는 분말 소스'에 관한 특허를 출원해 봤기 때문에 필요성과 절차를 너무나 잘 알고 있다. 가끔씩 주변에서 "소스를 특허 내고 싶다"고 문의하는 경우도 많은데, 다들 주저하는 가장 큰 이유 중 하나는 자기 비법이 공개될 것을 두려워하기 때문이다.

특히 특허가 등록되면 특허와 관련된 내용이 공개돼서 유사 제품이 유통될 것을 두려워한다. 하지만 특허를 낼 결심을 한다는 건 독점적 지위를 확보하겠다는 게 아니라 자사의 자산을 미래에 보호하기 위함이라고 보는 게 더 맞다. 특히 소스의 경우는 더 그렇다.

자사의 소스로 인해 시장이 확대됐을 때 특허를 갖고 있는 것과 그렇지 않은 건 큰 차이가 있다. 시장이 확대된 후에도 특허를 가지고 있지 않으면 자사의 핵심기술을 사용하지 못할 뿐 아니라 유사한 용어의 사용도 제한이 되기 때문이다. 특허가 없다면 후발 업체의 카피 제품에 대응해 '내가 원조'임을 증명할 길이 없다. 때문에 특허 내기 위한 절차를 살펴볼 필요가 있다.

아이디어 개발 및 검토 - 특허 신청을 위해서는 새로운 발명품 또는 기술을 개발하고 이를 상세히 기록한다. 기존 기술과의 차별점을 확인하고 어떤 종류의 특허(발명, 디자인, 식물 등)가 적용될 수 있는지 검토한다.

선행 기술 조사 - 발명품이 이미 특허로 보호됐거나 공개된 것인지 아닌지를 확인하기 위해 선행 기술 조사를 수행한다.

특허 출원 - 특허 출원서를 작성하고 해당 국가의 특허청에 제출한다. 출원서에는 발명의 상세한 내용과 그림, 청구항 등이 포함한다. 출원일로부터 특허심사 절차가 시작된다.

형식 심사 - 출원서의 형식적인 요건을 검토하는 단계로 출원서에서 빠진 사항이나 오류가 있는지를 확인하며, 이를 보완하도록 요청할 수 있다.

검토 및 재검토 - 출원서가 형식적으로 승인되면 실질적인 심사 절차가 진행된다. 특허청은 기존 기술과의 비교 및 특허 신청의 유용성, 창작성 등을 검토하며 추가 정보나 수정 사항을 요청할 수 있다.

이의 제기 및 변론 – 심사 중에 타인이 해당 발명에 대한 이의를 제기할 수 있다. 이에 대한 변론 및 반론 과정을 거쳐 결정된다.

특허 등록 – 특허청이 해당 발명에 대해 승인하면, 특허가 등록되고 특허 인증서가 발급된다. 등록 후에는 발명품이나 기술에 대한 독점적인 권리가 확보된다.

유지 보수 – 등록된 특허엔 유지 보수를 위한 수수료를 내야 한다. 특허 보호 기간 동안 유지 보수를 하지 않으면 특허 권리가 소멸할 수 있다.

특허 청구 범위

특허 청구 범위는 특허 문서의 중요한 부분 중 하나로, 발명의 범위와 범위 내에서 보호받을 수 있는 사항을 정의한다. 특허 청구 범위는 발명의 기술적 특징을 상세하게 기술하며, 해당 발명이 어떤 기술적 문제를 해결하고 어떤 혜택을 제공하는지를 명확히 나타내야 한다. 또 특허 청구 범위는 보호받고자 하는 발명의 범위를 규정하는데, 발명의 한계와 영향을 명확히 정의하여 다른 사람들이 유사한 발명을 개발하거나 제품을 제조할 때 피해야 할 범위까지 제공한다.

특허 청구 범위는 일반적으로 '독립 청구항'과 '종속 청구항'으로 구성된다. 독립 청구항은 발명의 주요 특징을 나타내며, 종속 청구항은 이러한 주요 특징을 좀 더 상세히 설명하고 보충하는 역할을 한다. 종속 청구항은 독립 청구항에 기술적인 세부 사항이나 변형을 포함할 수 있다.

즉, 특허 청구 범위는 발명의 범위를 명확하게 정의하는 중요한 요소이며 특허의 유효성이나 침해 여부를 결정하는 데 중요한 역할을 한다. 때문에 특허를 신청할 때 특허 청구 범위를 정확하고 명확하게 작성하는 것이 매우 중요하다.

국내 특허가 해외에서도 인정받을 수 있나?

특허와 관련한 해외 등록에 대해서는 '마드리드 협정'을 더 많이 알고 있을 것이다. 왜냐하면 상표 보호를 위해 마드리드 협정을 더 많이 사용하기 때문이다. 마드리드 협정은 특허가 아닌 상표만을 보호해 주는 제도로 아래의 파리 협약 등과 비슷하지만 특허는 보호해 주지 않는다.

파리 협약 (Paris Convention for the Protection of Industrial Property) - 파리 협약은 여러 나라 간의 특허 및 산업재산권 보호에 관한 국제적인 협약이다. 협약을 통해 한국에서 특허를 출원한 경우, 일정 기간 내에 파리 협약의 다른 회원국에 해당 특허 출원 우선권을 이용할 수 있다. 이를 통해 다른 회원국에서도 우선권을 받아 특허 출원할 수 있다.

PCT (Patent Cooperation Treaty) - PCT는 세계적으로 인정받는 국제 특허 신청 제도로, PCT를 통해 한국에서 출원한 특허 신청은 일정 기간 동안 세계 여러 국가로 확장해 신청할 수 있는 장점이 있다. PCT를 통한 특허 신청은 관련된 여러 국가에서 추가 신청할 수 있는 기회를 제공한다.

EPC (European Patent Convention) - 유럽 특허제도인 EPC를 통해 한국의 특허를 유럽 국가로 확장할 수 있다. 이를 통해 유럽 다수 국가에서 단일 특허로 보호받을 수 있다.

협력형 특허 (Patent Prosecution Highway, PPH) - PPH는 일부 국가 간의 특허 검토 절차를 빠르고 효율적으로 진행하기 위한 협력 제도로, 한국의 특허가 PPH 협정 맺은 국가 중 한 곳에 출원됐다면, 해당 국가에서 특허 검토를 더 빠르게 받을 수 있다.

그 어떤 소스도
분말로 못 만들 것이 없다

수출의 경우에는 액상보다 분말로 수출을 하기가 쉽다. 다만 지속적인 성장을 위해선 분말에 대한 해로운 인식을 해소하고, 건조과정에서의 영양분 파괴를 보완해 나가야 한다. 여기에 분말의 편의성과 기능성까지 더한다면 분말 소스의 발전 가능성은 얼마나 더 커질 수 있을지 예측하기 힘들다.

수출하려면 분말 소스를 만들어라?

K-FOOD 열풍으로 인해 미국, 일본, 중국, 호주, 베트남, 필리핀, 인도네시아, 말레이시아 등에서 다양한 소스 문의가 들어온다. 소스의 종류도 다양하다. 진출하려는 업체들이 대부분 외식 프랜차이즈 업체이고 업종이 다양하다 보니 한식, 중식, 일식, 양식, 분식 등 한국 내 대부분의 업태들이 해외로 진출하고 있다.

국내 외식 프랜차이즈 기업들이 해외로 사업 확장을 하다 보면 해외 현지의 여러 문의가 들어온다. 하지만 막상 상담을 하고 나면 막막하다. '매장을 내고 싶다고 하는데 그냥 오픈해 주면 되는 거 아니야?'라는 생각으로 현지에 달려가는 경우부터 코트라에 문의를 하거나 기존의 해외 진출 사례를 찾아보는 경우까지 여러 방법으로 해외 진출 활로를 모색한다. 그리고는 현지화 시장조사를 하는 경우가 대부분이다.

현지에서 팀을 꾸리는 것도 좋지만 현실은 녹록지 않다. 때문에 각종 자료를 찾아보는 것으로 대체하게 된다. 그러나 타인에 의해 만들어진 자료나 취합 정보를 그대로 사용한다는 건 더 많은 시행착오를 겪을 수밖에 없다. 그 자료들을 100% 신뢰할 수 없을뿐더러 업태가 다를 경우엔 그 모든 정보가 무용지물이 되기 때문이다. 이런 차이는 현장을 겪고 나서야 이해할 수 있다.

소스 수출에서 가장 많이 하는 시행착오

최초의 수출 국가였던 베트남에서는 제품 개발과 수출 단계에 이르기까지 현지 법인이 주도를 했음에도 각종 서류 취합, 원산지 증명원 만들기, HS CODE 등록, 현지 공보 등록을 위한 제품 등록 등의 모든 절차에서 시행착오를 겪었다. 현지 수출법인이 수저를 입에 떠 넣어주는 데도 우왕좌왕하며 실수를 연발했다.

공보 등록을 위해 보낸 샘플 제품에서 대장균이 나와 제품을 다시 만들기도 했으며 영문, 베트남어 병행 표기를 위한 라벨 제작이 쉽지 않아 또 다른 업체를 찾기도 했다. 베트남어의 성조를 표시해 인쇄하는 작업이 생각보다 쉽지 않았다. 베트남어는 성조 하나에 따라서 뜻이 달라지기 때문에 표기의 실수가 있으면 안 되는데, 금형 제작을 통해 성조를 표기하는 게 생각보다 쉽지 않았다. 금형에는 있는데 실제로 인쇄가 덜 되거나 안 되는 경우도 있어서 베트남어 금형 제작업체를 찾는 것 또한 쉬운 일이 아니었다.

　이처럼 해외 수출을 하는 일은 하나부터 열까지 시행착오의 연속이다. 그나마 서류 작업은 쉬운데, 매장의 핵심이 되는 소스 수출의 경우엔 시행착오를 여러 번 겪게 된다. 이 가운데 가장 많이 하는 시행착오가 '방부제의 사용 유무'다. 각 나라는 자국민의 건강을 생각하기 때문에 사용치 이상의 식품 보존제를 넣을 수 없고, 식품보존제의 종류도 제한하는 경우가 있다. 또 식품 보존제가 들어간 제품의 경우엔 성분표, 안전성 문헌, 분석 데이터 확보 및 문서화가 추가되어야 하는 경우가 있다. '만들어서 주면 되지 뭐가 문제야?'라고 할 수 있지만 수출국에서 인정한 기관의 인증서이며 문서여야 하기 때문에 취득하는 절차, 시간, 비용에 굉장히 많은 에너지가 따른다.

액상 소스 분말화, 수익률 증대로 이어져

　한국 프랜차이즈 기업들은 대부분 액상 소스를 사용하고 있기에 그대로 해외 진출을 원하는 경우가 많지만, 직접 겪어보면 액상 소스 수출이 쉽지 않다. 즉, 번거로운 수출 절차가 없는 분말 소스 개발의 이유를 깨닫게 될 것이다. 이뿐만이 아니다. 분말 소스는 유통기한, 보관 비용, 유통 편의성 등의 측면에서도 수출에 유리하기에

'분말이 액상보다 맛이 덜 하지 않을까'라는 선입견만 없앤다면 해외 수출을 위한 분말화 연구가 꼭 필요하다. 수출 절차를 간소화하고 배송비용을 줄이며, 물류비 감소는 곧 수익률 증대로 이어지기 때문에 분말화 개발을 하지 않을 이유가 없다.

다시 말하지만 해외 수출을 준비한다면 액상을 분말화하는 선행 연구가 먼저 진행되어야 한다. 얼마나 오랜 시간 연구를 했느냐에 따라서 액상보다 더 맛있는 분말이 만들어질 수 있다. 예를 들어, 액상 소스는 발효 제품인 경우가 많다. 이 같은 제품들은 산미를 높이는 동시에 단맛을 줄여 본연의 맛을 해치기도 한다. 하지만 분말 소스는 이런 경우가 없기 때문에 오히려 해외 표준화에 더 적합하다.

경험해 보지 않으면 모르는 일이긴 하지만, 수출하며 현장에서 시행착오를 겪어본 사람으로서 설득보다는 단언을 드리고 싶다. 해외 진출을 위한 선행 과제는 소스의 분말화라고 말이다.

'분말은 좋지 않다'는 잘못된 인식

한국의 경우에는 된장, 간장 등 전통적인 소스의 형태가 액체다. 전통적 소스들이 건강에 좋은 것을 알기 때문에 '분말보다 액상이 좋다'라는 인식도 더 많은 편이다. 게다가 미원, 다시다 등의 분말을 꺼리는 현상까지 생기면서 '분말은 좋지 않다'는 인식이 더 넓게 퍼진 것 또한 사실이다.

맛을 따질 때도 액상이 더 깊은 맛을 낸다. 이유는 간단하다. 분말 형태로는 원재료의 한계가 있기 때문이다. 일례로 사골 진액은 구하기 쉽지만 사골 분말은 찾을 수 없다. 분말로 사골을 만들기 위해서는 다른 방법을 찾아야 하기 때문에 액체 소스의 맛을 따라갈 수 없다. 물론 최근엔 기술이 발전하며 고온건조, 냉동건조, 동결건조 등 건조 방법들이 다양하게 발달했고, 간장·된장·고추장·김치 가루 등이 분말 형태로 만들어지고 있다.

향후 소스는 액상에서 분말로 변화할 것

분말은 액상과 비교했을 때 맛, 향, 색도 전혀 뒤처지지 않고 오히려 지속적인 개발이 이뤄지고 있다. 심지어 식초까지도 분말의 형태로 생산되고 있다. 선택 속성에 따라서 액상과 분말은 항상 공존하지만, 향후 발전 가능성은 액상에서 분말로 이동할 것으로 예상이 된다.

이제 한국의 전통 소스부터 현재의 소스까지 분말로 못 만들 것이 없다는 말이다. 사용 편의성 및 장기 보관이 가능한 분말이 액상의 모든 장점을 대체하고 있다. 오히려 몇몇 제품들은 액상에서 풍기는 역한 향을 없애는 장점이 있기도 하다.

건강한 기능성 소스, 밥 대신 알약 한 알로 대체되는 세상

1961년, 한국은 군사정권의 시작을 알리는 시기였지만 미국에선 'Unimation'이란 기업이 최초의 공장형 로봇을 도입해 자동차를 생산, 효율성과 생산성을 올리고 인력을 대체하는 시기였다. 그리고 오랜 세월이 흘러 현재, 미국의 자동차 등록 수는 2억7000만 대다.

1956년엔 '다트머스 회의'라고 알려진 컴퓨터 과학 및 인공지능 분야의 국제 학술회의가 개최됐는데 A.I. 연구의 시작으로 볼 수 있다. 자율주행 자동차는 이미 레벨 4단계인 완전한 자율주행, 즉 운전자 개입이 없었던 형태의 바로 아래 단계인 레벨 3단계까지 완성이 되어 있다. 또 ChatGPT의 경우엔 그 시작이 2018년이다. 처음엔 GPT라는 모델로 시작했지만, 6년이 지난 지금은 어떤 질문에도 쉽게 대답하며 명확하고 설득력 있는 문장을 만들어 내고 있다.

이제는 상상이 현실로 되고 있다. 향후엔 공상 과학 영화에서 나오는 밥 대신 알약 한 알로 대체되는 세상이 올 수도 있다. 아니, 이미 현실화되고 있다. 다만 먹는 즐거움을 알약으로 대체하기 위해선 알약 하나가 뇌신경을 자극해 마치 다양한 음식을 먹는 것 같은 '5미+별미'의 포만감을 선사해야 할 것이다. 먹는 즐거움이란 건 인생에서 큰 비중을 차지하기 때문이다.

기능성 식품으로 변모해가는 소스의 미래

소스의 관점에서 본다면 소스 감미료의 기능에서 점차 건강 기능이 강화된 형태로 발전할 것으로 보인다. 직접 소스를 개발하고 있는 본인의 회사에서만 하더라도 프로바이오틱스가 첨가된 각종 소스를 개발하고 있다. 이유는 간단하다. 대부분의 사람들이 많게는 하루에 3끼를 먹기에 그 시간 동안 단순히 감미료 역할에만 그치기보다 소화를 돕거나 몸을 이롭게 하는 기능을 추가할 수도 있기 때문이다.

　향후 소스의 기능성이 더 좋아진다면 밥 또는 약을 먹어야 할 일이 줄어들 것이다. 밥을 약 대신 먹든 약 대신 밥을 먹든, 둘 중 하나만 먹어도 되는 시기가 올 것이다. 물론 약보단 밥의 역사가 길기 때문에 밥을 먹으면 약을 먹지 않아도 되는 세상이 올 수도 있다.

　그렇다고 소스가 의약품이 될 수는 없을 것이다. 기득권 가진 이들이 기존의 밥그릇을 나눌 수 있는 사회가 아니기 때문이다. 하지만 건강보조식품과 소스의 벽은 점차 허물어질 수 있다. 소스가 건강기능식품이 될 수는 없지만 건강기능식품이 소스의 형태로 변할 가능성은 있다. 맛있는 음식을 간단히 만들 때 건강기능식품(액상, 분말, 젤 등)으로도 얼마든지 맛과 건강을 챙길 수 있기 때문이다. 소스의 기능 또한 건강을 생각한 원재료 사용과 프로바이오틱스의 접목이 한층 더 활발해질 것이다.

　소스, 건강기능식품, 의약품의 구별은 가능하지만 그 경계는 점차 모호해지는 시대로 가고 있다고 생각한다. 소스의 미래도 단순한 감미료에서 기능성 식품으로 변모해가고 있다.

식품첨가물이 들어가면 독이다?

'가공보조제'와 '식품첨가물'은 동의어가 아니다. 가공보조제는 식품의 제조 과정에서 기술적 목적을 달성하기 위해 의도적으로 사용되며 최종 제품 완성 전 분해·제거되어 잔류하지 않거나 미량 잔류할 수 있는 식품첨가물이다. 즉, 식품첨가물의 하위 개념이다.

소스 공장을 운영할 때
꼭 확인할 것

    소스 공장이 제품을 생산하기 위해선 위생과에 품목 제조 보고와 유통기한 설정을 위한 서류를 제출한 후 이상이 없을 때 생산 가능한 품목번호가 부여된다. 위생과의 담당 직원은 소스 품목 등록만이 주 업무가 아니기 때문에 식품첨가물 사용기준량이 초과하지 않도록 만들 의무는 제조 공장 또는 의뢰하는 발주처에 있다. 때문에 조금 어려운 용어이긴 해도 식품첨가물의 용어를 이해하고 사용량을 정확히 알고 있는 것이 중요하다.

    똑같은 기능의 식품첨가물을 중복해서 넣으면 제품별 사용량 및 총 사용량의 제한이 있어서 이 부분 역시 확인이 필요하다. 한국의 식품첨가물은 화학적 합성품 400품목과 천연 첨가물 195품목, 총 595품목을 관리하고 있는데 사용량 및 안전기준은 식품공전을 통해서 품목별 사용 기준을 여러 번 확인하는 것이 중요하다.

이렇게 기준이 정해져도 유해성이 인정되거나 반대가 되는 경우, 사용량 변화가 고지되기 때문에 실시간으로 확인해서 진행하는 것이 가장 안전하다. 식품공전을 통해 식품첨가물의 사용 기준 및 사용량도 지속적으로 확인해야만 한다. 물론, 소스 공장을 운영할 때의 이야기다.

가공보조제, 화학적 식품첨가물, 천연 식품첨가물

식품첨가물의 약 32%는 천연 첨가물이지만 안전성 측면에서 화학적 첨가물보다 월등히 높다고 인식되고 있다. 그러나 과학적으로 증명된 바도 없고 오히려 농약의 잔류 등으로 인해 안전성이 떨어질 수도 있다.

효능 면에서도 천연 첨가물이 화학 첨가물을 앞선다고 증명된 바가 없지만 식품첨가물이라는 단어 자체를 '건강을 해치는 독'으로 인식하는 사람들이 많다. 식품의 기능을 높이기 위한 식품첨가물의 목적이 품질 떨어지는 식품을 포장하기 위한 용도로 쓰인다고 생각하는 경우가 많기 때문이다. 이는, 소스 제조를 하는 당사자로서도 책임감을 느끼는 부분이다.

색소에서 시작된 식품첨가물의 부정적 요인

'보기 좋은 떡이 먹기도 좋다'는 속담이 있다. 색소 또한 질 좋은 제품에 감성까지 더하는 용도로 사용됐다면 더할 나위 없지만, 몰지각한 제조업자들은 색소를 안 좋은 방식으로 사용해 왔다. 피클의 색을 내기 위해 황산구리를 넣고, 빵을 하얗게 하려면 명반을, 치즈와 사탕엔 연단·진사·황화수은·트롬산납·카바민산염으로 착색해 판매했다.

1900년까지는 젤리, 시럽, 향 추출물, 버터, 치즈, 아이스크림, 소시지, 밀가루 반죽, 면류, 과자, 와인, 주류, 음료에 착색이 이루어졌다. 당시 약 80가지의 식품 색소가 허용됐으나 어떠한 법도 공용 색소의 사용을 금지하지 않았다. 그러다가 1904년, Bernhard Hesse 박사팀이 총 695가지의 콜타르 염료 중 오직 16가지만이 안전기준에 적합하다고 보고한 후 이 중 7가지만 식품에 허용이 됐다. 그동안 무분별하게 쓰인 색소로 인해 식품첨가물에 대한 인식은 '안 들어갈수록 좋다'는 인식으로 자리 잡게 됐다.

햄과 소시지의 아질산염 규제·관리 철저해

아질산염은 주로 가공육에서 방부제, 색 유지, 풍미 개선 등의 역할을 한다. 미생물 억제, 선명한 색 유지, 산화 방지를 위해서도 쓰이는데 고온에서 가열하거나 위 내 산성 환경에서 특정 단백질 성분과 반응해 발암성 물질인 니트로사민을 생성할 수 있다.

국제 암연구소(IARC)에서도 발암 가능성 높은 물질로, 아질산염과 니트로사민을 언급하며 많은 경각심을 갖게 했다. 2000년 중후반부터는 국내에서도 꾸준히 아질산염의 연구 결과들이 발표되며 식품첨가물에 대한 인식이 부정적으로 변하게 됐다.

현재 식품의약품안전처에서는 아질산염을 30ppm 이하로 제안하며, 식품이 안전성을 유지할 수 있도록 철저히 관리하고 있다. 하지만 안전한 사용량을 썼음에도 부정적 인식은 사라지지 않는다. 사용량 규제 및 철저한 관리가 이루어지고 있음을 알리지 않고 있는 것에 대한 아쉬움이 남는 대목이다.

식품첨가물의 32가지 용도 및 정의

식품첨가물 용도	정의	해당 제품
감미료	단맛을 부여	설탕, 아스파탐, 자일리톨
고결방지제	식품의 입자가 붙는 것을 방지	이산화규소, 인산 삼 칼슘
거품 제거제	거품 생성을 방지하거나 감소	비실리콘 기반 거품 제거제
껌 기초제	점성과 탄성력을 갖는 비용성 씹는 물질	탄성고무, 수지
밀가루개량제	제빵 품질이나 색을 증진	산화제, 환원제, 효소
발색제	색 안정화, 유지, 강화	질산염, 천연 색소
보존료	미생물에 의한 품질 저하 방지	소르빈산, 벤조산
분사제	식품을 반출시키는 가스(휘핑크림)	액화가스 분사제
산도조절제	산도 또는 알칼리도를 조절	젖산, 초산, 말산
산화방지제	산화에 의한 식품의 품질 저하	비타민C, 아스코르빈산
살균제	식품 표면의 미생물을 단시간 내 사멸	오존, 염소, 이산화황
습윤제	건조되는 것을 방지	글리세린, 글루콘산
안정제	두 가지 이상 성분을 일정한 분산 형태로 유지	항산화제
여과보조제	불순물 또는 미세한 입자를 흡착하여 제거	디아톰아스 어스
영양강화제	제조공정 중 손실된 영양소 복원 및 강화	비타민, 프로바이오틱스
유화제	물과 기름 등 섞이지 않는 제품을 섞거나 유지	레신, 소르비탄 에스터
이형제	원료가 용기에 붙는 것을 방지 분리에 용이	유동파라핀, 피마자유
응고제	성분을 결착, 응고, 단단하게, 바삭하게 유지	염화칼슘, 유산, 렌넷
제조 용제	제조가공 시 촉매, 침전, 분해, 청징의 역할	폴리에틸렌글리콜
젤형성제	물성을 부여함	카복시메틸셀룰로오스타트륨

증점제	점도를 증가시킴	젤라틴, 겔산, 야자겔
착색료	색을 부여하거나 복원	카로틴,
청관제	스팀 생산하는 보일러 청소 (결석, 물 때, 부식)	알칼리성, 산성 청관제
추출용제	유용한 성분 등을 추출하거나 용해	에탄올, 아세톤, 헥산
충전제	산화, 부패 방지용 포장 용기에 주입하는 가스	이산화탄소, 질소
팽창제	가스를 방출하여 반죽의 부피를 증가	발효제, 베이킹소다
표백제	색을 제거하기 위해 사용	황산염, 소르빈산
표면 처리제	표면을 매끄럽게 하거나 정돈	글리세린 스테아르산
피막제	표면에 광택을 내거나 보호막 형성	식물성 카르나우바 왁스
향미증진제	맛과 향미 증진	미리스틸 알코올, 디아세틸
향료	특유의 향 부여 및 손실된 향 복원	바닐라추출물, 멘톨
효소제	특정한 생화학 반응의 촉매작용	리파아제, 아미라지

식품 유통의 혁신을 가져온 보존료

　보존료의 경우엔, 자연 방부제의 한계가 명확하기에 화학 방부제를 사용하지 않을 수 없다. 별도의 대안이 없기 때문이다. 그러나 오늘날 식품을 한층 더 풍성하게 선택하고 접할 수 있는 이유 중 하나는 보존료 때문이기도 하다. 신선도 유지, 식중독 예방, 낭비 방지, 비용 절감, 계절과 관계없는 공급, 글로벌 유통, 미생물 억제, 부패 방지, 저비용 보존, 저장 및 운송 비용 절감, 외관 유지, 영양 성분 보호, 공정 간소화, 유통기한 연장 등 보존료의 장점은 열거하기 힘들 만큼 많다.

　고대에서 근대에 이르기까지 식품의 보관 및 유통은 생존에 중요한 문제였다. 고대에는 염장법, 훈제법, 건조법을 사용했다. 하지만 암염이 없던 우리 선조들은 염장법보다 건조법을 많이 사용했다. 바람이 잘 통하는 처마에 동물, 과일, 채소 등을 말려 저장함으로써 원할 때 원하는 만큼의 음식을 섭취할 수 있었다. 즉, 우리 선조들의 방부제는 '바람'이었다. 중세에 들어서는 농업이 발달하면서 술을 빚게 되고, 술은 다시 식초가 되어 각종 나물과 약초를 식초에 담가 장기 보관하는 보존법이 추가돼 오늘날에도 널리 사용되고 있다.

19세기엔 기존과 다른 형태의 보존법이 생겼는데 바로 '캐닝 기술'이다. 나폴레옹이 군대의 식량 보급 문제를 해결하기 위해 식품 보존 방법을 찾았고, 니콜라 아페르트(Nicolas Appert)에 의해 개발된 캐닝은 음식을 밀봉하고 가열해 미생물을 제거하는 방법으로 당시에 혁신적인 발명품이었다. 해당 기술의 발전은 레토르트 제품을 만들어 장기 보관을 하게 만들었다. 또 19세기 후반부터는 베노산, 아황산염 등의 화학적인 보존료가 널리 사용되기 시작했다.

방부제의 단점을 보완하기 위한 절차들

방부제에는 소금·설탕·식초·로즈마리 추출물·알리신·비타민C·비타민E와 같은 천연방부제가 있고 벤조산·아황산염·니트레이트·소르빈산 등과 같은 화학 방부제가 있다. 식품의 장기 보관을 목적으로 용도에 맞게 사용되는 방부제는 장기 보관을 할 수 있다는 장점이 분명하지만, 그에 따른 단점도 존재한다.

알레르기 과민 반응, 항생제 내성, 영양소 파괴와 소비자 불신 등이 보존료의 단점이다. 특히 일부 연구에서는 과다한 보존료 사용이 미생물의 항생제 내성을 촉진하기 때문에 슈퍼 박테리아로의 발전 가능성이 있다고 본다. 이런 단점들로 인해 방부제의 용도 및 사용량이 철저하게 통제되며, 화학 보존료를 사용하는 식품공장은 자가 품질검사에서 보존료 수치까지 확인해서 관할 위생과에 보고해야 하는 절차가 있다.

식품 폐기율과 가격까지 낮춘 보존료의 역할

보존료를 사용했을 때 파괴되는 영양소도 있지만, 반대로 보호되는 영양소도 많다. 우선, 환절기 부주의로 인한 식중독 사고를 줄였다. 또 방부제의 가장 큰 역할은 적은 비용으로 식품의 장기 보관 및 유통을 할 수 있게 만들었다는 것이다. 이로 인해 식품 폐기율을 혁신적으로 줄였고, 환경 오염을 막음과 동시에 식품 가격까지 낮춰 오늘에 이르게 만들었다.

만약 보존료가 없다면 콜드 시스템을 이용해 얼리고 녹이고 또 냉동고, 냉동차로 보관 및 이동을 해야 한다. 생산, 보관, 유통에 추가되는 비용을 보더라도 보존료는 꼭 필요한 식품첨가물이다.

각 나라의 수출 규제는?

저자가 운영하는 기업의 소스는 미국, 일본, 중국, 베트남으로 수출하고 있다. 이미 FTA를 맺은 국가들이지만 수출 절차와 규제 품목은 나라별로 다르다. 나라별 수입 규제 품목이 달라서 규제 원료를 제외하거나 대체해서 새롭게 만들어야 하는 경우가 대부분이다.

몇몇 업체의 경우에는 한국에서 소스 맛을 본 해외 바이어가 수출을 원해 덜컥 계약을 먼저 한 후 수출을 진행하는 경우가 있다. 규제 품목이 없으면 다행이지만, 만약 그런 조항이 있다면 똑같은 맛을 낼 수 없을 수 있다. 즉, 무지에 의한 계약 위반을 하게 되는 것이다. 때문에 수출을 결정할 때는 수출 제품에서도 한국 소스의 맛을 90% 이상 구현할 수 있는지를 먼저 파악해야 한다.

특히 미국, 일본, 중국의 경우에는 가금류 수출이 까다롭다. 소, 돼지, 닭 등의 육류나 이를 통해 생산되는 우유, 달걀 등을 이용한 가공품 등이 들어가면 별도의 심사를 거쳐야 한다. 심사 절차 및 과정이 까다롭기 때문에 최소 함유량으로 소스를 생산하는 게 효과적이다. 최소 함유량으로 제품을 만들어도 수출규제가 고시되는 경우도 있는데 대부분 가금류다. 수출되던 제품에 추가 서류를 요구하거나 수출이 금지될 수 있다. 이런 문제를 해결하기 위해 처음 개발 단계부터 가금류를 배제하는 것이 좋다.

'가금류도 통관되던데'라는 안일한 생각으로 진행할 때의 위험성은 높고 경제성이 떨어지기 때문에 가금류를 대체한 소스를 만들어 둬야 한다. 그래야만 수출도 효과적으로 할 수가 있다.

가능한 한 가금류를 빼고 만들 필요가 있다

일례로 한국산 우지를 넣어서 소스를 만들어 미국에 수출할 수 있다. 단, 국가가 인정한 기관에서 한국산 우지의 안정성을 평가받은 후 서류를 첨부해야 한다. 한국 농림부가 인정한 안정 평가 기관이 어디인지 찾질 못했고, 찾는다 해도 미국 농림부가 사전에 '해당 기관이 적합하다, 아니다'에 대한 답변을 주지 않는다. 이렇게 불확실성 가진 상태에서 수출을 할 수는 없기 때문에 가능한 한 가금류를 빼고 소스를 만들어야 하는 것이다.

일본의 경우엔 가금류의 규제를 미국보다 까다롭게 보고 있고,

식품 첨가물의 종류와 크기에 대한 규제도 있다. 수출할 때 가장 신경을 많이 써야 하는 나라다. 반면, 중국의 경우에는 자국에서 유통이 되지 않거나 먹지 않는 식품을 규제한다. 수출 전 제품 등록을 할 수 있기에 수출에 관해서는 힘들이지 않고 할 수 있다. 마지막으로, 베트남의 경우엔 가금류의 규제가 심하지 않지만 해당 국가에서 별도의 품질검사를 통해 해로운 성분을 검사한 후 상품을 등록하게 된다.

수출을 한다고 했을 때 액상 소스의 규제는 더 심하다. 제품 변질 방지를 위해 보존료를 사용하기 때문이다. 보존료는 어느 국가나 사용량 기준치와 사용 제품의 규제가 심해서 해당 기준을 맞춰야만 한다. 별도의 검사도 이뤄져야 한다. 보존료의 사용치가 초과되는 경우가 있는데 당사에서 최소량을 넣었어도 다른 조미료에도 이미 보존료가 녹아 있기 때문에 보존료 검사를 통해 정확한 수치를 확인하는 게 필요하다.

수출 규제 항목을 하나씩 풀어가는 재미

수출을 진행하다 보면 '이 제품은 해외로 나갔던데, 내 제품은 왜 수출이 안 되지?'라는 말을 가장 많이 듣는다. 대기업 제품과의 비교다. 같은 소스를 비교하는 게 아니고 냉동식품과의 비교를 하는 경우가 많다. 이렇게 식품군이 다르면 수출에 필요한 규제 사항 및 서류들이 다르기 때문에 자칫 오해할 수 있는 부분이 생기게 된다. 최소한 같은 제품 유형이 수출됐는지를 확인 후 비교해야만 한다.

이외에도 점검해야 할 것들이 너무 많지만, 수출규제를 힘들게만 생각하지 않아도 된다. 하나씩 풀어가는 재미가 상당하고, 수출됐을 때 느끼는 직원들 간의 동기애와 자부심 고취는 돈으로 환산하기 힘든 경험이기 때문이다.

FDA 공장등록을 하려면?

한국 내에서는 FDA 공장등록을 위탁하는 업체에게 등록을 하면 된다. FDA 제품 허가와는 다르게 절차와 방법이 상대적으로 쉽고 빨라서 겁먹을 필요가 전혀 없다. FDA 공장등록이 되어 있다고 하면 상당한 신뢰를 얻기 때문에 해외 진출을 생각하고 있지 않아도 등록을 미리 해놓는 게 좋다. 그게 제품의 공신력을 높이는 하나의 방법일 수 있다.

미국과 중국 수출을 위해서는 공장등록이 되어 있어야 한다. 해당 국가에 한국 공장에 대한 관련 내용을 보내면 수출 적격 여부를 판단해 공장등록을 결정한다. 위 두 국가는 공장등록을 하지 않았을 때 수출 자체를 할 수 없게 되어 있다.

처음 미국 FDA 공장등록을 해야 한다고 했을 때 막막했다. 제조공장의 입장에서 FDA는 생각만 해도 힘든 허가이기 때문이다. 영어도 잘 못하는데 어떻게 위탁해야 할지 난관에 봉착했다. 하지만 걱정보다 쉽게 FDA 공장등록이 가능했다.

FDA 허가는 의약품, 농산물 등이 주요 대상이다. FDA 공장등록과 전혀 다른 절차에 의해 이루어진다. 실제 공장의 운영 여부와 HACCP 등록 여부 등을 확인할 수 있는 서류가 제출되면, 특별한 경우를 제외하고는 현장 실사 없이 공장등록이 이뤄진다. 중국도 같은 절차에 의해 등록이 완료된다.

관세사만 잘 만나면
수출은 어렵지 않다!

　복잡하게 생각지 말자. 수출하고 싶은 나라에 해당 제품을 납품해 본 적 있는 관세사를 만나면 모든 게 해결된다. 그러면 우리가 복잡하게 생각하고 준비해야 했던 모든 일들이 대부분 쉽게 풀리게 된다. 관세사의 역할은 수출입이기 때문에 해당 국가, 해당 제품을 취급하고 있는지만 확인하면 된다.

　이미 한번 강조했지만 다시 한번 관세사에 대해 이야기하는 이유는 그만큼 중요하기 때문이다. 저자가 운영하는 기업의 경우에, 처음 수출 상담을 하고 마음이 들떴다. 당장 수출이 진행되는 줄 알았으니까. 하지만 코트라의 답변은 상식적이었고 주변의 자문은 확신이 없었다. 미국 관세사, 변호사, 포장 디자인 대표, 식품 유통 회사 직원, 음료 수출업체 대표, 만두 수출업체 등을 만났지만 돌아오는 대답엔 모두 확신이 없었다. 현재 수출하려고 하는 분말 소스를 수출해 본 사람이 없었기 때문에 그들이 하는 이야기는 참고사항에 지나지 않았다. 수출입 업무에 잘못이 있게 되면 그 모든 귀책은 제조업체가 감당해야 하기에 더 답답할 수밖에 없었다.

그러던 중 분말 소스를 납품해 봤던 관세사를 만나니 일은 일사천리로 진행됐다. 수입국의 관세사와 연결하고, 포워딩 업체를 통해 소스를 입고하고, 관련국에 통관 서류를 작성하고, 사전에 확인해야 할 검사를 마치고 나니 소스는 아주 쉽게 수출이 됐다.

복잡하게 생각할 필요가 없다. 수출에 필요한 전문가를 만나기만 하면 여러 문제들을 한 번에 처리할 수가 있다. 그러니 내가 수출하고자 하는 제품과 관련한 관세 전문가를 찾아보자.

소스 수출 시 꼭 알아야 할 몇 가지 것들

국내 판매와 해외 수출은 또 다른 개념이다. 제조 과정에서부터 원재료 선택, 현지에서의 소비자 수요, 그리고 해당 국가의 규제 품목 등에 이르기까지 여러 가지 신경 쓸 것이 많다. 그 모든 것을 알기 전에 수출 시 알아야 할 기관, 그리고 용어들에 대해 먼저 익혀둘 필요가 있다.

한국을 대표하는 고추장, 된장, 간장 등의 대표적인 소스를 필두로 떡볶이 소스, 불닭 소스, 치킨 소스, 짜장 소스, 짬뽕 소스 등 전 세계적으로 다양한 소스에 대한 니즈가 생겨나고 있다. 한류가 휩쓸고 간, 그리고 현재에도 전 세계 사람들은 한국의 문화를 체험하고 싶어 하는데 그중에서도 쉽게 간접 경험할 수 있는 것이 바로 소스다.

그러나 그 니즈와 상관없이 소스 수출은 국내 판매와 전혀 다른 문제다. 만들어서 가져다주고 돈을 받으면 끝나는 상황이 아니라는 얘기다. 수출에 관심이 있다면 최소한 아래의 기관이나 용어를 정확하게 인지하고 있어야 한다.

KOTRA (Korea Trade-Investment Promotion Agency) - 대한무역투자진흥공사는 해외시장조사 및 정보제공, 수출 지원 서비스, 해외 투자 유치, 해외 지사 및 현지 네트워크를 운영하는 곳이다. 수출을 위해 가장 먼저 문을 두드리는 곳이다. 하지만 워낙 방대한 제품을 다루다 보니 원하는 결과값을 얻기는 쉽지 않다.

세관사 (Customs Broker) - 수출입 통관 절차를 전문적으로 대행하는 사람이며 통관 대행, 관세 및 세금 계산, 서류 준비 및 관리, 법규 준수 확인을 한다. 수출을 위해선 같은 상품을 취급한 이력이 있는 세관사를 먼저 찾아 상담하는 게 가장 빠른 수출 방법의 하나다.

포워딩 업체 (Forwarding Company) - 국제 물류 및 화물 운송을 전문적으로 대행하는 회사로, 화물 운송·통관·서류 작업 등을 관리하여 수출입 기업이 물품을 원활하게 이동시킬 수 있도록 돕는다. 운송 경로 및 운송 수단 선택, 통관 절차 대행, 서류 작성 및 관리, 운임 및 물류비용 관리, 물류 관리 및 추적 서비스가 주 업무다.

FTA (Free Trade Agreement, 자유무역협정) - 두 개 이상의 국가가 서로 무역 장벽을 낮추거나 없애는 것을 목표로 체결하는 협정이다. 또 FTA의 주된 목적은 관세나 비관세 장벽을 완화하여 국가 간 상품과 서비스의 자유로운 교류를 촉진하고, 궁극적으로는 무역을 활성화하는 역할을 한다.

원산지증명서 (Certificate of Origin, C/O) - 수출입 되는 상품이 특정 국가에서 생산됐음을 증명하는 문서로, 주로 관세 혜택이나 수입 규제를 적용할 때 중요한 역할을 한다. FTA(자유무역협정) 국가 간에 원산지증명서를 제출하면, 상품에 대해 낮은 관세 혜택을 받을 수 있는 경우가 많다.

관세 (Tariff) - 국가가 수입하는 상품에 부과하는 세금으로, 주로 다음과 같은 목적을 가지고 부과된다. 국내 산업 보호, 국가 재정 수입, 무역 불균형 조정, 소비 조정 등의 목적으로 이뤄진다. 종가세, 종량세, 혼합세로 나뉘는데 상품 가격으로 관세를 낼 때는 종가세, 수량이나 무게로 낼 때는 종량세, 두 가지를 혼합하면 혼합세가 된다.

신용장 (Letter of Credit, L/C) - 수출입 거래에서 결제의 안전성을 보장하기 위해 개설되는 금융 문서로, 수입자의 요청에 따라 수입자의 거래 은행이 수출자에게 대금 지급을 약속하는 보증서다.

신용장은 국제 무역에서 대금 지급을 보장하기 위한 주요 수단으로 활용되며, 특히 수출자와 수입자가 서로에 대한 신뢰가 부족하거나 국가 간 무역에서 위험을 줄이기 위해 사용된다.

 수출이 처음이라면 세관사나 포워딩 업체를 가장 먼저 알아보는 것이 좋다. 다만 두 가지를 꼭 기억해야 한다. 첫째, 내가 수출하려는 나라와 한국이 현재 무역을 하고 있는지? 둘째, 내가 수출하려는 제품이 해당 국가와 무역했던 경험이 있는지?

 위 2가지가 충족된다면 수출을 위한 90%의 준비가 됐다고 봐도 무방하다. 물론 국가별 규제가 다양하고 제품에 따른 감독기관도 다르기 때문에 해당국에 나와 유사한 제품을 무역해 본 경험이 있는 세관사나 포워딩 업체를 찾아야 한다. 그렇지 못하면 통관을 못하거나 통관이 됐는데도 불구하고 불필요한 절차로 비용을 많이 쓰는 경우가 허다하다.

Sauce diary

삼투압,
외식인이 꼭 알아야 할 과학이론

삼투압을 최초로 설명한 과학자는 독일의 식물학자이자 의사인 빌헬름 페퍼(Wilhelm Pfeffer)다. 페퍼는 1877년에 삼투압 원리를 설명하기 위해 삼투압을 정량화하는 데 성공했으며, 삼투압을 측정하는 데 필요한 반투막을 사용하여 삼투 현상을 설명했다.

삼투압은 용액이 반투막을 통해 용매(Ex. 물)를 이동시켜 균형을 이루려고 할 때 나타나는 압력을 말한다. 예를 들어 염분 농도가 높은 용액과 낮은 용액을 반투막으로 분리했을 때, 물은 농도가 낮은 곳(용매 농도가 높은 곳)에서 농도가 높은 곳(용매 농도가 낮은 곳)으로 이동하려고 한다. 이때 발생하는 압력을 삼투압이라고 한다.

어떤 소스를 사용하든 삼투압의 기본 원리를 알면 먼저 넣을지 나중에 넣을지 숙성할지 딥핑소스로 사용할지를 알 수 있다. 소스를 넣는 순서는 맛과 조리 시간을 결정하는 데 중요한 역할을 한다.

특화된 소스를 사용해 요리하는 프랜차이즈 기업들도 삼투압의 원리를 정확하게 이해해야만 하기에 소스를 넣는 순서 및 시간 등이 상세히 적힌 매뉴얼 북을 가지고 있다. 아니, 프랜차이즈 외식 기업이 아니어도 삼투압에 대한 이해가 충분한 대표는 많다. 단, 정보 전달을 하기 위한 매뉴얼 북이 존재하지 않는 것뿐이다.
"다 같이 때려 넣으면 되지!"
이렇게 삼투압을 이해하지 못하면 같은 프랜차이즈 회사인데도 맛이 달라지고, 똑같은 공산품과 농수산물을 사용하는데도 맛을 내지 못한다. 삼투압의 원리를 이용하면 같은 소스로도 더 맛있는 요리를 만들어 낼 수 있는데도 말이다. 삼투압은 외식인이 꼭 알아야 할 대표적인 과학 이론이다. 잘 이해하고 적용하면 요리가 더 맛있어지고 쉬워지는 비결 중 하나다.

Sauce diary

국, 탕, 찌개를 끓일 때의 삼투압
오랜 시간 끓이는 국, 탕, 찌개의 경우 양념이나 간을 마지막에 하는 이유는 증발하는 수분으로 인해 간을 맞추기 쉽지 않기 때문이다. 현장에서 대용량의 국, 탕, 찌개를 끓여 본 사람이라면 알고 있는 내용이다. 간을 미리 할 경우엔 고기나 채소가 성이 난 것처럼 질겨지는 걸 알 수 있다. 또 끓는 과정에서 간을 미리 하면 고기 육수나 채수가 우러나지 않고 더 많은 시간이 필요하다는 걸 알 수 있다.

이런 현상의 주원인도 삼투압이다. 간을 할 경우, 고기나 채소의 육수나 채소는 농도가 높은 양념이 물 쪽으로 이동하면서 압력이 발생하게 된다. 또 양념이 고기로 들어가면 단백질을 단단하게 만들고 채소의 조직도 응집되어 단단해진다. 그러니 고기와 채소에서 육수와 채수를 얻기 위해선 더 많은 시간이 필요하게 된다. 따라서 국, 탕, 찌개 등 육수가 중요한 역할을 하는 음식에는 마지막에 간을 해야 한다.

김장할 때의 삼투압
김장은 장기 보관을 위한 조상의 지혜가 담겨있는 음식이다. 김장에서 재료 준비하는 과정도 허투루 할 수 없지만, 장기 보관을 위해서 꼭 해야 하는 삼투압이 있다. 바로 '절이는 작업'이다. 미네랄이 풍부한 천일염으로 소금물을 만들고 깨끗이 씻은 배추를 반으로 쪼개 소금물에 담가 숨을 죽인다. 이때 삼투압 작용으로 인해 배추의 수분이 빠져나오면서 배추 전체에 소금 간이 배이게 된다. 또 수분이 빠지고 소금 간으로 채워진 배추는 미생물 활동도 억제되어 장기 보관이 가능한 상태가 된다. 이렇게 삼투압을 이용한 장기 보관 방법은 우리의 선조들이 만들어 놓은 것이다.

나물을 무칠 때의 삼투압
한번 데친 나물에 간을 하고 시간이 지나면 간이 싱거워진다. 삼투압에 의해서 나물의 수분이 밖으로 빠져나오면서 간이 싱거워지는 것이다. 때문에 나물의 간은 짜게 해야 한다.

양념 갈비를 재울 때의 삼투압
갈비 내부의 수분은 빼고, 양념을 갈비 전체에 재우는 방식도 삼투압이다. 갈비와 같이 동맥이 많이 지나가는 육류 부위의 경우엔 핏물이 함께 빠지면서 잡내를 낼 수 있다. 이때 수분의 양보다 더 많은 양의 양념을 넣어서 재워야 핏물이 빠져도 쉽게 상하지 않고 잡내도 덜 나게 할 수 있다. 삼투압의 원리와 그로 인해 발생하는 수분 및 핏물의 양도 예측해야 한다.

연체류의 삼투압
연체류의 수분 함유량은 일반적으로 75~85% 정도다. 삼투압을 잘 못하면 모든 수분이 증발해 먹을 수 있는 양이 얼마 되지 않게 된다. 양념에 오래 재워도 안 되고 조리를 오래 해도 안 된다. 연체류의 경우, 소금에 의해 삼투압 반응이 가장 크게 나타나기 때문에 소금양을 줄인 양념을 만들어야 한다. 또한 고온에서 빠르게 조리해야 삼투압으로 인한 손실을 줄일 수 있다.

Sauce diary

소스만으로 맛을 낸다는 생각은 금물!

소스의 목적은 풍미 증진이다. 주재료의 맛, 향, 식감, 시각, 소리를 통해서 풍미를 끌어올리기 위한 목적이다. 즉, "소스가 너무 맛있네요"라는 얘기는 주객이 전도된 것이다. 소스가 맛있어도 주재료를 덮는다면 용도가 잘못된 것이다. 음식에 따라서 소스로 맛을 내는 메뉴의 경우에는 '소스가 맛있다'라고도 말할 수 있지만 이외의 경우에는 소스를 잘못 사용하고 있는 것이다.

은은한 향을 즐겨야 하는 음식에 과도한 소스를 넣어 향을 해치는 것, 바삭한 식감을 살려야 할 튀김에 흠뻑 뿌려 먹는 간장 소스는 식감과 소리의 맛을 버린 경우다. 상식과 맞지 않는 화려한 색도 식감을 오히려 떨어트릴 수 있다.

'과하면 독이 된다'라는 말처럼 소스는 주재료가 본연에 갖고 있던 맛을 끌어올리기 위한 서브의 역할만 담당해야 한다. 음식을 할 때 주재료를 사용하는 이유는 역사적으로 검증된 안전함, 그리고 영양분이 많기 때문이다. 좋은 원재료의 맛을 충분히 끌어올리고 최소한의 소스로 풍미를 극대화하는 것이 소스의 역할이다.

소스가 음식의 맛을 장악하게 되면서 소스 이외의 맛을 느끼지 못하는 사람들도 점차 늘어나고 있다. 물론, 소스를 운영하는 공장에서 사용량이 많아지는 건 좋은 일이다. 하지만 단기간 많이 판매되는 소스보다 장기간 꾸준히 사랑받는 소스를 만드는 것이 더 보람된 일이다.

소스의 본질은 자신을 나타내기보다는 원재료를 주인공으로 만들어 주는 역할이다. 마치 무대 뒤에서 주인공을 빛나게 하는 조명과 스태프들처럼 말이다.

소스 수출을 위해
꼭 알아야 할 기관 및 용어

기관

KOTRA (대한무역투자진흥공사)	해외 바이어 연결, 수출 상담 및 FTA 활용 지원, 수출 유망 기업 육성 및 수출 전반을 담당
KITA (한국무역협회)	지역별 각 지회를 두고 있는 민간 비영리 무역 진흥기관으로 지역별 사례를 통해 실질적 도움을 받을 수 있음
MFDS (식약처)	식품위생법 기준 준수, 수출용 식품 제소 시설 위생관리
QIA (농림축산검역본부)	축산·농산 가공품에 대한 검역 및 위생 증명서 발급
한국 관세청	수출 신고, 원산지 증명서 발급, 수출입 통계관리
한국식품연구원	시험 검사기관, 성분분석서와 영양 성분표 작성, HACCP 인증 지원 등

※ 각 나라별로 국내와 유사한 업무를 담당하는 기관이 있음

용어

Commercial Invoice	상업송장. 수출 제품의 가격, 수량, 조건 등을 기재한 서류
Packing List	포장명세서. 제품별 중량, 포장 단위 등을 명시
B/L (Bill of Lading)	선하증권. 수출품 운송을 증명하는 서류
COO (Certificate of Origin)	원산지 증명서. FTA 세율 적용을 위해 필수적인 서류
MSDS	물질안전보건자료. 특정 첨가물 사용 시 요구할 수 있음, 소스의 경우엔 액상 방부제가 대상이 됨
HS CODE	관세 품목 분류번호, 제품의 통관 분류에 사용

FOB, CIF, DDP	국제상업회의소의 규칙. 수출자와 수입자 간 비용 및 책임을 구분함, 수출자 입장에서는 FOB를 권장
Trademark (상표)	브랜드 보호를 위한 국내외 상표 등록 필수, 마드리드 협정을 적극 활용할 것
FTA-PASS	원산지 관리 시스템. 수출자가 FTA 세율 혜택을 받기 위해 사용하는 시스템, 원산지 증명이 되면 관세 혜택을 받는데 이것을 자동화하는 시스템
B2B/B2C	판매에 따른 서류가 상이한 경우가 많음, 나라별로 확인하는 것이 중요
FDA 등록	미국 수출을 위한 식품공장 등록, 제품 등록 필요 (Facility Registration & Prior Notice), ※ 소스의 경우엔 공장등록이지 FDA 식품 등록이 아님
공장등록	FDA 공장등록 (미국, 중국), FDA 등록과 전혀 다름, FDA 등록은 임상 실험도 있음. 공장등록과 전혀 다른 개념으로 소스는 FDA 공장등록으로 수출 가능 (미국, 중국), FTA 협약 및 원산지 증명에 따른 관세 항목 확인 (면세 가능)
HACCP 인증	해외 수입업체가 요구하는 식품 안전 인증, 해외 수출에 필수사항은 아님
영양성분표 (Nutrition Facts)	미국·유럽 등은 필수, 사전 분석 필요 (9~13개 항목), 국내에서도 가능하며 나라별 g이나 kcal로 요구하는 경우가 있기 때문에 사전 확인 필요
현지 라벨링 요건 검토	언어, 알레르기 정보, 제조지 정보 등, 국내 비용과 해외 비용이 2배 이상 차이가 나기는 하지만 현지 위생법을 잘 아는 현지인에게 하는 것을 추천
현지 바이어 요구 대응	Kosher, Halal, Organic 등 별도 인증 필요 여부 확인
포워딩 업체	선적, 수출 신고, 운송서류 및 준비 및 해외 배송 대행
관세사	수출입 물품에 대한 통관(통관신고, 세금 납부 등) 업무를 대행하고 자문하는 전문가

참고문헌

도서 (연도 순)
미야자키 마사카츠, 2011, 《맛있는 세계사》
최수근, 2012, 《소스의 비밀이 담긴 68가지 소스 수첩》
하상도, 2016, 《첨가물 바로알기》
박흥식·박영주, 2020, 《소금, 마법의 하얀 알갱이》
미야자키 마사카츠, 2020, 《처음 읽는 술의 세계사》
미야자키 마사카츠, 2021, 《처음 읽는 음식의 세계사》
앨버트 잭, 2022, 《미식가의 어원 사전》

논문 (연도 순)
배명희·이성우, 1984, 고추의 역사와 품질평가에 관한 연구
강혜경·김주현, 1999, 고추장의 품질 개발 동향
주영하, 2000, 고추의 상징화 과정에 대한 일고
이경희, 2004, 청육장의 역사적 변천 및 생리기능성에 관한 연구
이정원, 2004, 우리나라 전통 장류 산업의 현황 및 가장에서의 이용과 관리실태에 관한 연구
허재욱, 2008, 순창군 전통식 장류제조업체의 경영실태 및 지역경제효과에 대한 분석
이은희, 2012, 근대 한국의 제당업과 설탕 소비문화의 변화
문송희·김인철·장혜춘, 2018, 세균형 코지와 씨간장 종균을 혼합 사용한 간장 제조 및 사용 소금이 제조 간장의 품질에 미치는 영향
이수현, 2019, 쓴맛 기호 성향과 결정 요인, 쓴맛 가림의 차별적 효과에 대한 연구
이강희, 2023, 소주전래 역사에 대한 담론과 증류방법 차이에 따른 특성변화 연구

기타 (가나다 순)
동아일보
무역 데이터 플랫폼 'Tendata'
식품음료신문
식품의약품 안전처 식품공전
유로모니터
통계청
특허청
코리아위클리
코트라